ステップ30

留学生のための Python［応用編］ワークブック

カットシステム

はじめに

本書は、Python で役に立つプログラムを作成したり、さまざまなデータをさまざまな形で利用したり操作する方法を習得することを目的とする書籍です。

本書では主に文字列や数値のデータを扱うことに焦点を当てています。

データは、テキストファイルやバイナリファイルとして保存される他に、CSV ファイル、Excel ファイル、データベースなどで保存されることがよくありますが、Python ではこれらのデータを比較的容易に扱うことができます。

また、こうしたデータの、平均値や標準偏差などの統計的な値を計算したり、データをグラフにして表示したりすることも Python ではとても容易です。

本書はこれらについて 30 ステップで学習します。

■ 対象読者

本書は、Python［基礎編］ワークブックに記載されているような Python の基本的な事柄をマスターした読者を対象としています。

■ 本書の構成

本書には以下の内容が含まれています。

- 乱数を使って一様分布や標準分布のデータを作成する方法
- コンソールからの基本的な入力方法
- 平均値や最大値／最小値、中央値、標準偏差などの 基本的な統計処理を python で行う方法
- データからグラフを描いて可視化する方法
- Python でテキストファイルやバイナリファイルへの入出力の方法
- Python で CSV ファイルや Excel ファイルを扱う方法
- Python でデータベースを扱うための基礎
- CSV ファイル、Excel ファイル、データベースファイルへの相互変換の方法

各ステップは次のような構成になっています。

要点

重要な事項の解説です。

ワーク

読者が取り組む問題です。ワークの解答は、カットシステムの Web ページからダウンロードできます。

■ 本書の表記

>>> Pythonのインタラクティブシェル（インタープリタ）のプロンプト（一次プロンプトともいう）を表します。Pythonのインタラクティブシェルでの実行例で >>> が掲載されていても、>>> は入力しません。

... Pythonのインタラクティブシェルの行の継続を表します。Pythonのインタラクティブシェルでの実行例で ... が掲載されていても、 ... は入力しません。

> OSのプロンプトを表します。Linux など UNIX 系の OS では、プロンプトは $、% などです。

リスト ex*m*-*n* 独立したPythonのスクリプトファイルです。OSのコマンドライン（>、$、%など）から「`python exm-n.py`」という形式で実行します（*m*と*n*には数字が入ります）。

■ ご注意

- 本書の内容は本書執筆時の状態で記述しています。Pythonのバージョンによっては本書の記述と実際とが異なる結果となる可能性があります。
- 本書のサンプルは、プログラミングを理解するために掲載するものです。実用的なプログラムとして提供するものではありませんので、ユーザーのエラーへの対処やセキュリティー、その他の面で省略してあるところがあります。

■ 本書に関するお問い合わせについて

本書に関するお問い合わせは、sales@cutt.co.jp にメールでお寄せください。なお、本書の記述から外れる内容についてのお問い合わせには対応できません。お問い合わせの際には下記事項を明記してくださいますようお願いいたします。

- 氏名
- 連絡先メールアドレス
- 書名
- 記載ページ
- お問い合わせ内容
- 実行環境

※ワークの解答は、以下のWebページからダウンロードできます。

https://cutt.jp/books/978-4-87783-861-4/

目次

Step 01 乱数

要点

1.1 乱数の生成

さまざまな場面でランダムな値を必要とすることがあります。random というモジュールを使うと、ランダムな値（乱数）を生成することができます。

random モジュールを使う前に import 文でこのモジュールをインポートします（random モジュールは標準モジュールなのでインストールしなくても使うことができます）。

```
>>> import random
```

random.random() は 0.0 以上 1.0 未満の乱数を生成します。生成される値はコードを実行するごとに異なります。

```
>>> random.random()
0.8543558099577775
>>> random.random()
0.34298714667620445
```

1.2 リストへの複数のランダム値の保存

入力された複数の値をリストを使って保存することもできます。次の例は for 文を使う例です。

```
data = []                  # 空のリストを作る
for i in range(5):         # 5回繰り返す
    val = random.random()
    data.append(val)
```

上のプログラムは、はじめに空のリスト data を宣言しておき、乱数を生成しては data に保存するということを for 文で 5 回繰り返します。

次の例は、5 個の乱数を生成してリストに保存し、保存された値を出力するスクリプトの例です。

リスト● ex1-1.py

```
import random
data = []                   # 空のリストを作る
for i in range(5):          # 5回繰り返す
    val = random.random()
    data.append(val)

print('生成された値')
for val in data:            # 保存された値を出力する
    print(val)
```

スクリプトを実行するには、python に続けてスクリプトファイルの名前を指定します。たとえば、Windows でスクリプトを C:\PythonWork2\step01 に保存した場合には次のようにします。

```
C:\PythonWork2\step01>python ex1-1.py
```

実行例を次に示します（実際に生成される値はプログラムを実行するごとに変わります）。

```
生成された値
0.26702902538545925
0.40090688194616275
0.03069287734585746
0.2465440685506376
0.47384060147024876
```

1.3 整数の乱数

整数の乱数は random.randint() で生成することができます。

random.randint() の書式は次のとおりです。

```
random.randint(a, b)
```

a は生成する整数の最小値、b は最大値です。つまり、random.randint(a, b) は a 以上 b 以下の整数を生成します。たとえば、1 以上 10 以下のランダムな整数値を生成したいときには、次のようにします。

```
>>> import random
>>> random.randint(1, 10)
7
>>> random.randint(1, 10)
10
```

1.4 正規分布の乱数

これまでに示したrandomモジュールを使って生成する乱数は、どの値の確率も等しい一様分布の乱数でした。しかし、世の中の値の中には、正規分布に従うものが多数あります。正規分布は平均値付近に多くの値があり、そこから離れるに従って数が減る分布です。

Numpyというモジュールを使うと、正規分布に従うランダムな値（乱数）を生成することができます。

NumpyはPythonの外部モジュールなので、まだインストールされていない場合は、次のコマンドをOSのプロンプトで実行してインストールする必要があります（Numpyは、モジュール名としては先頭文字が小文字のnumpyを使います）。

```
>python -m pip install numpy
```

numpyモジュールを使う前にこのモジュールをインポートしてnpという名前を付けます。

```
import numpy as np
```

np.random.normal()は次の書式で平均（loc）がl、標準偏差（scale）がs、サイズ（size）がnの乱数の配列を生成します。

```
np.random.normal(loc=l, scale=s, size=n)
```

たとえば、次の例は平均が5.0、標準偏差が2の乱数が5個入っている配列を生成します。二次元の配列を生成するには、sizeにタプルで配列の要素数を指定します。

```
>>> np.random.normal(loc=5.0, scale=2, size=5)
array([7.16076578, 5.16835757, 1.47696127, 5.17493545, 4.55438336])
>>> np.random.normal(loc=5.0, scale=2, size=(3, 3))
array([[8.4592616 , 3.4221892 , 2.97035133],
       [6.85624644, 6.60802539, 9.25685457],
       [6.59803827, 7.23600677, 6.87387991]])
```

ワーク

1-1

1から100の範囲の整数の乱数を10個生成し、その値を出力するプログラムを作りましょう。

1-2

平均が10.0、標準偏差が3.0の乱数が10個入っている配列を生成し、その値を出力するプログラムを作りましょう。

Step 02

値の入出力

要点

2.1 文字列の入力

キーボードからの値の入力には、input() を使うことができます。input() の引数には、入力を促すためのプロンプトを指定することができます。

たとえば、「名前:」と表示して入力を促し、入力された値を name という変数に保存し、変数の内容を表示するときには次のようにします。

```
>>> name = input('名前:')
名前:山田花子
>>> name
'山田花子'
```

2.2 リストへの複数の値の保存

入力された複数の値をリストを使って保存することもできます。

```
names = []                    # 空のリストを作る

for i in range(5):            # 名前を入力することを5回繰り返す
    name = input('名前:')
    names.append(name)
```

次の例は、「quit」という文字列が入力されるまで複数の名前を入力してリストに保存し、保存された名前を出力するスクリプトの例です。

リスト● ex2-1.py

```
names = []
while 1:
    name = input('名前:')
    if name == 'quit' :
        break
    names.append(name)

print('入力された名前')
```

```
for name in names:
    print(name)
```

上のプログラムでは、はじめに空のリスト names を宣言しておきます。そして、文字列「quit」が入力されるまで while 文で繰り返し名前を入力して、入力された名前を append() でリストに追加します。最後に、for 文を使って入力された一連の名前を出力します。

実行例を次に示します。

```
名前:山田花子
名前:Jimmy
名前:斎藤一郎
名前:quit
入力された名前
山田花子
Jimmy
斎藤一郎
```

2.3 文字列から数値への変換

input() で入力すると、たとえ数値を入力しても文字列として保存されます。

```
>>> score = input('成績:')
成績:88
>>> score
'88'
>>> type(score)
<class 'str'>
```

文字列を整数に変換するには、int() を使います。

```
>>> score = int(score) # 数値に変換
>>> score
88
>>> type(score)
<class 'int'>
```

つまり次の 2 行で整数値の入力を行うことができます。

```
score = input('成績:')
score = int(score)        # 数値に変換
```

なお、数値以外の値を int() で変換しようとすると、エラーになります。また、実数値に変換する場合には float() を使います。

2.4 タプルの作成

複数の値を入力して保存したいときには、値を（　）で囲んでタプル（Tuple）にして保存することができます。

```
name = input('名前:')
eng = input('英語:')
math = input('数学:')
eng = int(eng)
math = int(math)
data = (name, eng, math)
```

次の例は、「quit」という文字列が入力されるまで複数の名前と英語と数学の成績を入力してリスト data に保存し、保存されたデータを出力するスクリプトの例です。

リスト● ex2-2.py

```
data = []

while 1:
    name = input('名前:')
    if name == 'quit' :
        break
    eng = input('英語:')
    math = input('数学:')
    eng = int(eng)
    math = int(math)
    data.append( (name, eng, math) )

print('名前\t\t英語\t数学')
for name, eng, math in data:
    print(f"{name:16s}{eng:3d}{math:8d}")
```

上のリストの「print('名前\t\t英語\t数学')」の中の \t は水平タブを表す制御文字で、出力を 8 文字ごとに位置を揃えるために使っています。

「print(f"{name:16s}{eng:3d}{math:8d}")」の中の f で始まる文字列は出力する書式を設定しています。16s は 16 文字の文字列を表し（日本語には対応していません）、3d は 3 桁の数値を表します。

実行例を次に示します。

```
名前:Jimmy
英語:88
数学:76
名前:Kelly
英語:100
数学:79
```

```
名前:Tom
英語:77
数学:86
名前:quit
名前          英語   数学
Jimmy          88     76
Kelly         100     79
Tom            77     86
```

ワーク

2-1

実数値を3個入力してリストに保存し、保存された値を出力するプログラムを作成しましょう。

2-2

「quit」という文字列が入力されるまで複数の名前と年齢の情報を入力してリストに保存し、保存された名前を出力するプログラムを作成しましょう。

f-stringを使った書式指定

fで始まる文字列を使った書式指定では、出力値（val）と書式（format）を次の形式で指定します。

```
print(f"{val:format}")
```

出力値には整数や実数のほかに文字列も含まれます。書式には桁数（あるいは文字数）を指定することができ、実数の場合は「.」（ピリオド）の後に小数点以下の桁数を指定することできます。たとえば、次のように使います。

```
print(f"{123:8d}")           # 整数を8桁で出力する（余白は空白で埋められる）
print(f"{12.345:10.2f}")     # 実数を10桁、小数点以下2桁で出力する
print(f"{123:2x}")           # 整数を16進数で出力する
print(f"{'Python!':10}")     # 文字列を10文字で出力する
```

Step 03

データのグラフ化 1

要点

3.1 折れ線グラフ

データをグラフ化すると視覚的に見やすくなり、データの性質を理解しやすくなります。

折れ線グラフは値の推移をみるときによく使います。

たとえば、創業以来の A 社の売り上げの推移が次の表のとおりであるとします。

表 3.1 ● A 社の売り上げの推移

営業年数	1	2	3	4	5	6	7	8	9	10	11	12	13	14
売上金額	150	178	180	182	223	228	248	240	278	299	292	302	344	358

これを折れ線グラフにすると、売り上げの推移が見やすくなります。

データをグラフにするには、matplotlib というパッケージの中の matplotlib.pyplot.plot() を使います。パッケージ matplotlib がインストールされていなければ、OS のコマンドラインから次のコマンドでインストールします。

```
>python -m pip install matplotlib
```

グラフを描くために、最初に、matplotlib モジュールの中の pyplot をインポート（import）して、プログラムの中で plt という名前で（as plt）使えるようにします。

```
import matplotlib.pyplot as plt # パッケージをインポートする
```

year に創業からの年数が、sales に各年度の売り上げデータが入っているとすると、次のように matplotlib.pyplot.plot() を使ってグラフを描くことができます。

```
plt.plot(year, sales)
```

年数のデータは、range() を使って作成することができます。

```
year = range(1, 15)
```

これで、year の値として、1、2、3、... 13、14 までの値が入ります。

一方、売り上げデータは次のように定義することができます。

```
sales = [150, 178, 180, 182, 223, 228, 248, 240, 278, 299, 292, 302, 344,
358]
```

グラフの範囲は、matplotlib.pyplot.xlim() と matplotlib.pyplot.ylim() で指定することができます。

```
plt.xlim(0, 15)
plt.ylim(0, 500)
```

また X 軸と Y 軸に次のコードでラベルを表示することができます。

```
plt.xlabel('year', fontsize = 16)
plt.ylabel('sales', fontsize = 16)
```

値がわかりやすいようにグリッドを表示したいときには matplotlib.pyplot.grid() を使います。

```
plt.grid(color = '0.8')
```

ここで指定している「0.8」はグリッドの濃さです。
最後に matplotlib.pyplot.show() でグラフを表示することができます。

```
plt.show()
```

これらのコードを使って折れ線グラフで表示するスクリプト全体は次のようになります。

リスト● ex3-1.py

```
import numpy as np
import matplotlib.pyplot as plt

year = range(1, 15)
sales = [150, 178, 180, 182, 223, 228, 248, 240, 278, 299, 292, 302, 344,
358]

plt.plot(year, sales)
plt.xlim(0, 15)
plt.ylim(0, 500)
plt.xlabel('year', fontsize = 16)
plt.ylabel('sales', fontsize = 16)
```

```
plt.grid(color = '0.8')
plt.show()
```

これを実行すると、次のようなグラフが描かれます。

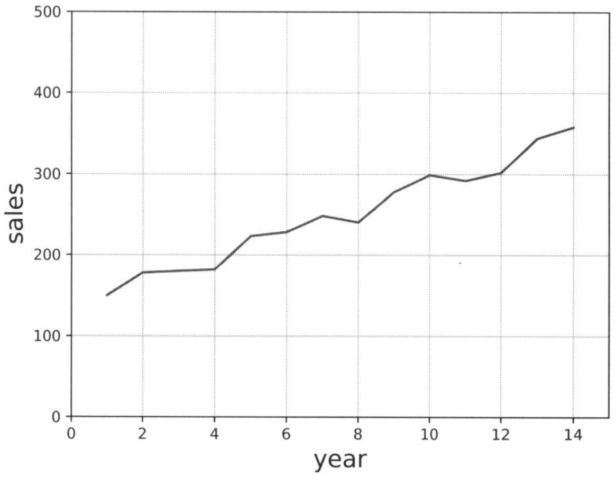

図3.1●A社の売り上げの推移（横軸は創業年数）

横軸を、創業からの年数ではなく、年度にするには次のようなデータを使います。

```
year = range(2010, 2023)
```

これで2010年から2023年までのデータがyearに保存されます。

グラフの範囲も次のように変更します。

```
plt.xlim(2009, 2024)
```

2010年から2023年までのデータを折れ線グラフで表示するスクリプト全体は次のようになります。

リスト● ex3-2.py

```
import numpy as np
import matplotlib.pyplot as plt

year = range(2010, 2024)
sales = [150, 178, 180, 182, 223, 228, 248, 240, 278, 299, 292, 302, 344,
358]

plt.plot(year, sales)
plt.xlim(2009, 2024)
plt.ylim(0, 400)
plt.xlabel('year', fontsize = 16)
```

```
plt.ylabel('sales', fontsize = 16)
plt.grid(color = '0.8')
plt.show()
```

これを実行すると、次のようなグラフが描かれます。

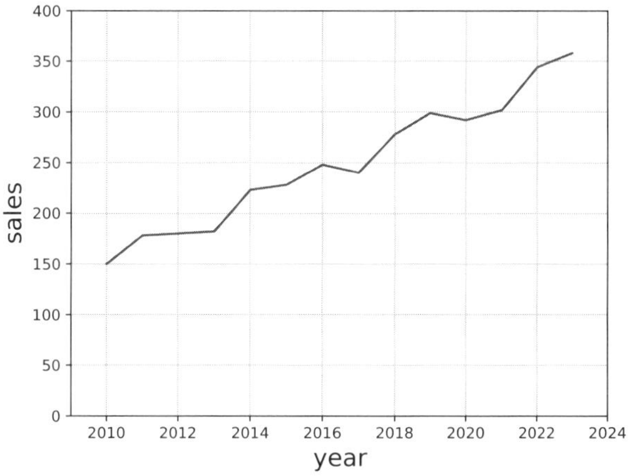

図3.2●A社の売り上げの推移（横軸は年度）

ワーク

3-1

ある都市の 10 年間の人口が次の表のように推移していることを示す折れ線グラフを描くプログラムを作成しましょう。

年	2014	2015	2016	2017	2018	2019	2020	2021	2022	2023
人口	23012	24001	23998	24052	24203	24254	24256	24500	24862	25201

3-2

ある飲食店の月ごとの平均来客数が次の表のように推移しているとします。これを表す折れ線グラフを描くプログラムを作成しましょう。

月	1	2	3	4	5	6	7	8	9	10	11	12
客数	230	105	162	186	175	148	125	98	113	157	123	256

Step 04 データのグラフ化2

要点

4.1 円グラフ

円グラフは値の割合を視覚的に捉えたいときによく使います。

円グラフは matplotlib.pyplot.pie() で表示することができます。

たとえば、ある施設の出身国別の利用者数が次の表のとおりであるとします。

表4.1 ●ある施設の利用者数

Japan	U.S.	Canada	Spain	others
82	105	92	67	28

これを円グラフで表示する最も単純なコードは次のようになります。

リスト● ex4-1.py

```
import matplotlib.pyplot as plt

x = [82, 105, 92, 67, 28]

plt.pie(x)
plt.show()
```

このプログラムを実行すると、次のような円グラフが表示されます。

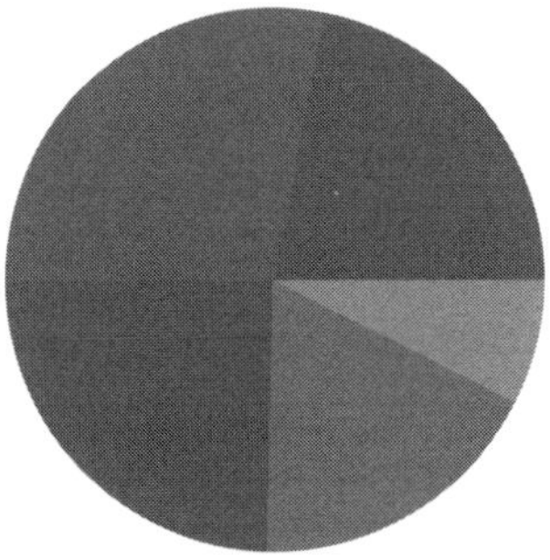

図4.1●円グラフ（1）

この図では、X軸方向0度から始まって反時計回りになるように要素が表示されています。これは円グラフの一般的な表示方法ではないので、これを要素が時計回りになるようにするために引数 counterclock の値を False にします。また Y 軸方向（上向き）で 0 度からグラフが始まるように startangle の値を 90 にします。

```
plt.pie(x, counterclock=False, startangle=90)
```

さらに、どの部分が何を表しているかわかるように、ラベルを定義して pie() の引数にそれを指定します。

```
label = ['Japan', 'U.S.', 'Canada', 'Spain', 'others]
plt.pie(x, ..., labels=label)
```

色も、白黒印刷のときにより見やすい色に変更しましょう。

色の指定は、赤緑青の各成分を 0 ～ 0xFF の範囲の値で、'#rrggbb' の形式（rr が赤成分、gg が緑成分、bb が青成分）で指定します（"#FFFFFF" は白、"#000000" は黒になります）。

```
color = ["#CCCCCC", "#AAAAAA", "#999999", "#777777", "#555555"]
plt.pie(x, ..., colors=color)
```

これらをまとめると、次のようなプログラムになります。

リスト● ex4-2.py

```
import matplotlib.pyplot as plt

x = [82, 105, 92, 67, 28]
label = ['Japan', 'U.S.', 'Canada', 'Spain', 'others']
color = ["#CCCCCC", "#AAAAAA", "#999999", "#777777", "#555555"]

plt.pie(x, counterclock=False, startangle=90, labels=label, colors=color)
plt.show()
```

このプログラムを実行すると、次のような円グラフが表示されます。

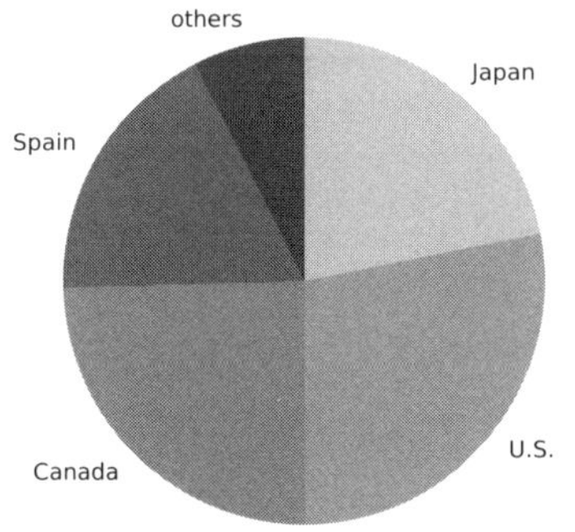

図4.2●円グラフ（2）

ラベルを別の場所に凡例として表示したい場合もあります。matplotlib.pyplot.legend() を使うと凡例を表示することができます。

```
plt.legend(labels)
```

ただし、引数を指定しないと凡例が予期しない場所に表示されてしまうことがあるので、legend() の引数を使ってたとえば次のように位置を指定します。

```
plt.legend(label, loc='center left', bbox_to_anchor=(0.9, 0.8))
```

凡例も表示する円グラフのプログラム全体は次のようになります。

リスト● ex4-3.py

```
import matpl
otlib.pyplot as plt

x = [82, 105, 92, 67, 28]
label = ['Japan', 'U.S.', 'Canada', 'Spain', 'others']
color = ["#CCCCCC", "#AAAAAA", "#999999", "#777777", "#555555"]

plt.pie(x, counterclock=False, startangle=90, colors=color)
plt.legend(label, loc='center left', bbox_to_anchor=(0.9, 0.8))
plt.show()
```

このプログラムを実行すると、次のような円グラフが表示されます。

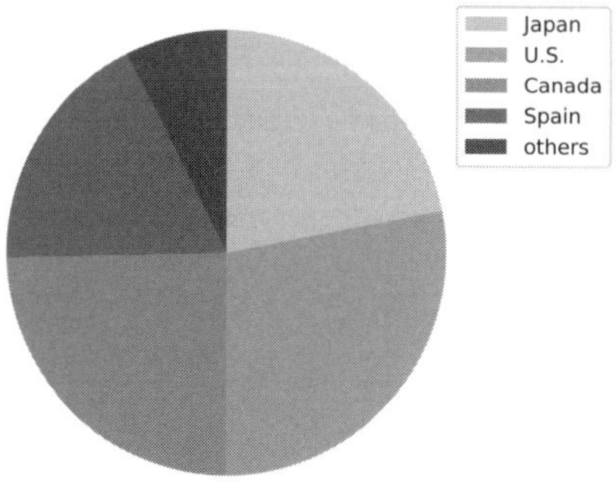

図4.3●円グラフ（3）

円グラフにタイトルを表示したいときには matplotlib.pyplot.title() を使います。また、pie() の引数 shadow を True にすると、グラフに影を付けることができます。

```
plt.title('Number of users',fontsize = 16)
plt.pie(x, ..., shadow=True)
```

これらを含めたプログラムは次のようになります。

リスト● ex4-4.py

```
import matplotlib.pyplot as plt

x = [82, 105, 92, 67, 28]
label = ['Japan', 'U.S.', 'Canada', 'Spain', 'others']
color = ["#CCCCCC", "#AAAAAA", "#999999", "#777777", "#555555"]

plt.title('Number of users',fontsize = 16)
plt.pie(x, counterclock=False, startangle=90, labels=label, colors=color, \
    shadow=True)
plt.legend(loc='center left', bbox_to_anchor=(1, 0, 0.5, 1))
plt.show()
```

このプログラムを実行すると、次のような円グラフが表示されます。

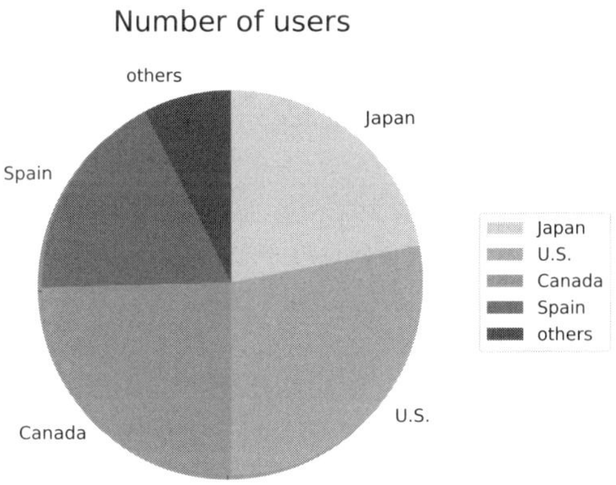

図4.4●円グラフ（4）

ワーク

4-1

ある飲食店の月ごとの平均来客数が次の表のように推移しているとします。月ごとの売り上げの割合を表す円グラフを描くプログラムを作成しましょう。

月	1	2	3	4	5	6	7	8	9	10	11	12
客数	230	105	162	186	175	148	125	98	113	157	123	256

4-2

ある施設に来場した車のメーカー別台数の割合がわかる円グラフを描いてみましょう。メーカー名とそれぞれの台数は任意に定義してかまいません。

Step 05

データのグラフ化 3

要点

5.1 ヒストグラム

ヒストグラム（histogram）は横軸を値とし、縦軸は頻度（その区間の値のデータ数）とします。同じ区間のデータが多いほど棒グラフの棒の高さが高くなります。

データをヒストグラムにするには、matplotlib.pyplot.hist() を使います。

ヒストグラムを描くときには、最初に、グラフを描画するために matplotlib をインポートして、プログラムの中で plt という名前で使えるようにします。

```
import matplotlib.pyplot as plt # パッケージをインポートする
```

そして、matplotlib.pyplot.hist() を使ってグラフを描きます。

```
plt.hist(data)
```

データは、たとえば身長のデータとして次のように定義します。

```
import numpy as np
data = np.array([161, 163, 157, 161, 163, 158, 165, 160, 159, 161,
                 160, 162, 162, 164, 160, 159, 160, 156, 162])
```

これらをまとめてスクリプトにすると、次のようになります。

リスト● ex5-1.py

```
import numpy as np
import matplotlib.pyplot as plt

data = np.array([161, 163, 157, 161, 163, 158, 165, 160, 159, 161,
                 160, 162, 162, 164, 160, 159, 160, 156, 162])

plt.hist(data)
plt.show()
```

このスクリプトを実行すると、次のようなグラフが表示されます。

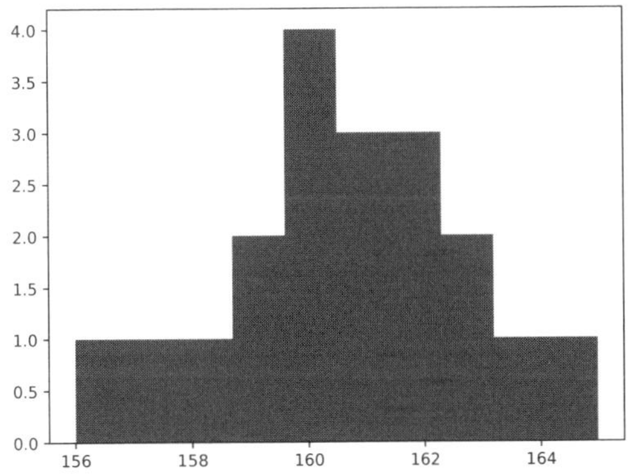

図5.1●身長データのヒストグラム

次に、データの数を増やして、100人分の身長データのヒストグラムを描きましょう。「1.4 正規分布の乱数」で学んだ方法を使って、正規分布に従う100個のデータの配列を作ります。

```
data = np.random.normal(loc=158, scale=3.0, size=100)
```

このデータを使って `matplotlib.hits()` でグラフを描きます。

スクリプト全体は次のようになります。

リスト● ex5-2.py

```
import numpy as np
import matplotlib.pyplot as plt

data = np.random.normal(loc=158, scale=3.0, size=100)

plt.hist(data)
plt.grid(color = '0.8')      # グリッドを描く
plt.show()
```

スクリプトを実行すると、たとえば次のようなグラフが描かれます（実行ごとに結果は異なります）。

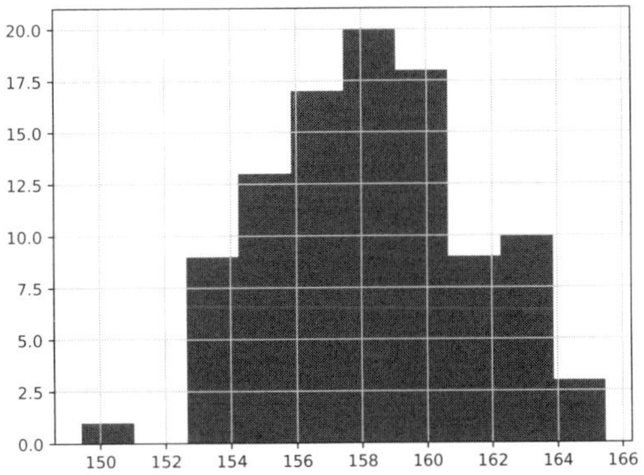

図5.2●100個のデータのヒストグラム

5.2 散布図

散布図を描くと、2つのデータの関連性と、データの散らばりぐあいを知ることができます。

たとえば、次のような身長のデータ hdata とそれに対応する体重のデータ wdata があるとします。

```
hdata = np.array([161, 158, 157, 161, 167, 158, 162, 160, 159, 161, 160])
wdata = np.array([ 55,  52,  50,  58,  64,  55,  60,  56,  55,  57,  58])
```

これらのデータを matplotlib.pyplot.scatter() でグラフ化することができます。

```
matplotlib.pyplot.scatter(hdata, wdata)
```

Python のスクリプトにすると、全体は次のようになります。

リスト● ex5-3.py

```
import numpy as np
import matplotlib.pyplot as plt

hdata = np.array([161, 158, 157, 161, 167, 158, 162, 160, 159, 161, 160])
wdata = np.array([ 55,  52,  50,  58,  64,  55,  60,  56,  55,  57,  58])

plt.scatter(hdata, wdata)
plt.show()
```

このスクリプトを実行すると、次のようなグラフが描かれます。

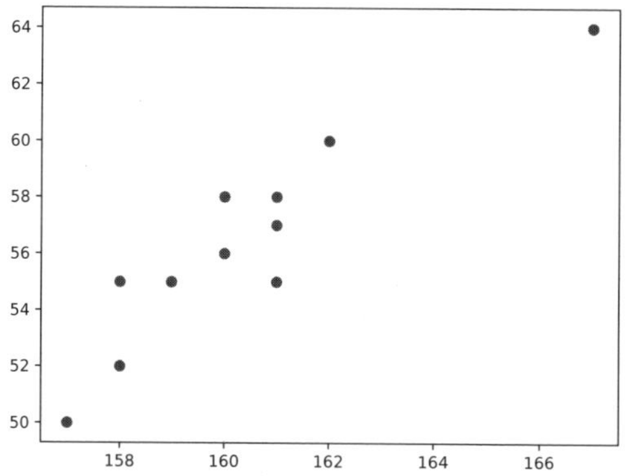

図5.3●身長データと体重データの散布図

この場合は、身長が高いほど体重が重い傾向があることが明瞭にわかります。

ワーク

5-1

平均が 56、標準偏差が 3.5 の正規分布に従う 100 個の体重データの配列を作り、このデータのヒストグラムを描きましょう。

5-2

平均が 158、標準偏差が 2.5 の正規分布に従う 100 個の身長データの配列と、平均が 56、標準偏差が 3.0 の正規分布に従う 100 個の体重データの配列を作り、このデータの散布図を描きましょう。

ヒストグラムの性質

ヒストグラムは、対象のデータを区間ごとに区切って度数の分布を示すものですから、グラフにするときには下の左図のようにある区間と隣の区間は連続しています（ただし、その区間にデータがない時にはそこに隙間ができたようになります）。

しかし、下の左図のデータの例では度数が 3（データが 3 個）の区間が連続していて、区間がいくつあるのかわかりにくくなっています。そこで、ヒストグラムの各データの表示幅を狭くして下の右図のように区間と区間の間に空白を表示することが便宜的に行われることがあります。

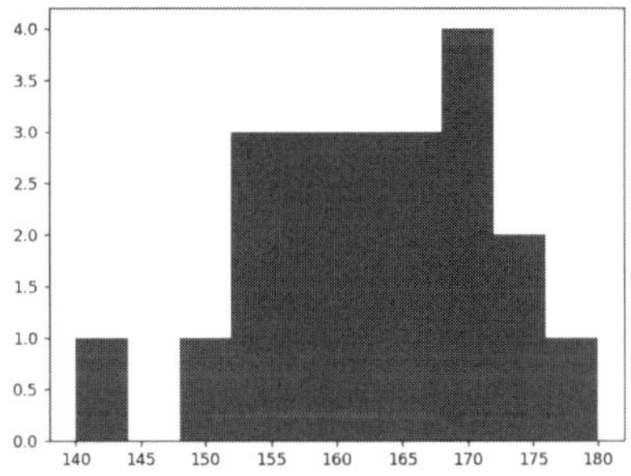

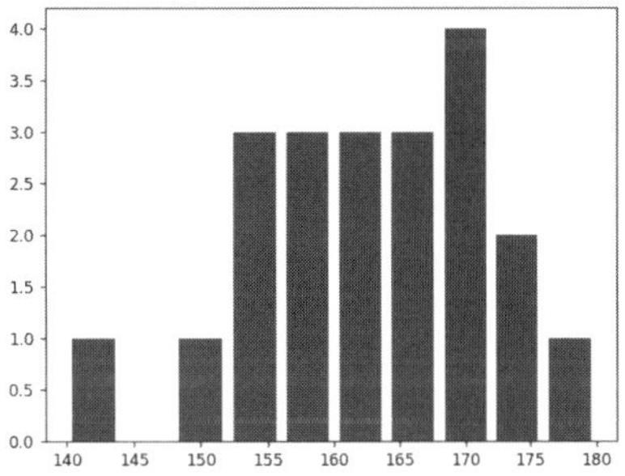

区間の区切りが見えるようにするには、hist() の引数に次のように rwidth=n（n は 1 未満の値）を指定して区間の表示幅を狭くします。

```
plt.hist(data, rwidth=0.8)
```

Step 06

関数のグラフ

要点

6.1 一次関数のグラフ

関数は、与えられた値に対して何らかの関係を持つ数値を返します。一般的には、関数は次の式で表されます。

y = f(x)

関数に与える値 x に対する、関数が返す値 y の変化をグラフ化すると視覚的に見やすくなります。

一次関数は、線型関数（linear function）とも呼ばれる、グラフで描いたときに直線として表される関数です。数学的には、一次関数は次の式で表現することができます。

y = ax + b

具体的な関数を表現するときには、a や b には適切な定数を指定します。

グラフを描いたとき、a は直線の傾きを表し、b は x = 0 のときの y の位置（Y 軸上の高さ）を表します。

a に負の値を指定すると、グラフは右下に下がる直線になります。

傾き（x が 1 増えたときの y の増加量）を 0.5 とし、x = 0 のときの y の位置を 2.5 とすると、Python のコードでは式は次のようになります。

```
y = 0.5 * x + 2.5
```

x の値は、numpy.arange() を使って一連の値として生成することができます。たとえば次のようにすることで–10 ～ 10 の範囲で 1 ずつ増える値の配列を作ることができます。

```
x = np.arange(-10, 11, 1)    # xの値の範囲-10～10と刻み1を設定する
```

x に対する y の値は y = 0.5 * x + 2.5 で決まるので、x と y の値が決まり、matplotlib.pyplot.plot() でグラフを表示することができます。

```
plt.plot(x, y)       # グラフを描画する
```

グラフのX軸とY軸の範囲は次の3行で定義できます。

```
axes = plt.axes()
axes.set_xlim([-10, 10])
axes.set_ylim([-10, 10])
```

この関数をグラフで表示するプログラム全体は次のようになります。

リスト● ex6-1.py

```
import matplotlib.pyplot as plt
import numpy as np

x = np.arange(-10, 11, 1)    # xの値の範囲-10〜10と刻み1を設定する
y = 0.5 * x + 2.5            # 関数 y = 0.5x + 2.5

axes = plt.axes()
axes.set_xlim([-10, 10])
axes.set_ylim([-10, 10])
plt.plot(x, y)               # グラフを描画する
plt.grid(color = '0.8')      # グリッドを描画する
plt.show()                   # グラフを表示する
```

このプログラムを実行すると次のようなグラフが表示されます。

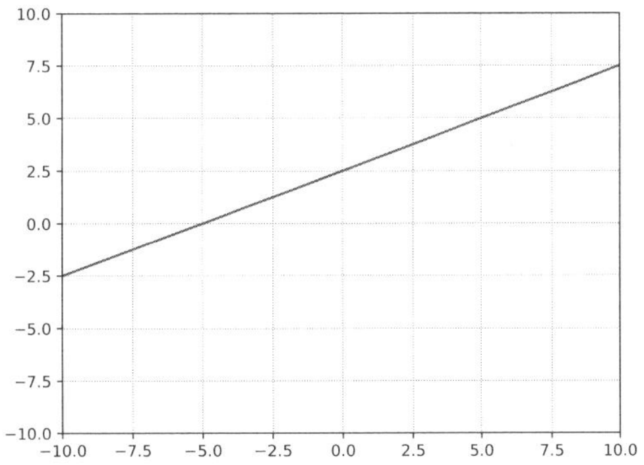

図6.1● y = 0.5x + 2.5のグラフ

6.2 二次関数のグラフ

二次関数は、yの値をxの二次式で表せる関数で、次の式で表現することができます。

$$y = ax^2 + bx + c$$

具体的な関数を表現するときには、aやb、cには適切な定数を指定します。aは放物線の尖りぐあいと描く方向を決定し、bは左右にシフトする量を、cは上下にシフトする量を決定します。

たとえば、次のような二次関数の式を定義することができます。

$y = 2x^2 - 4x - 5$

これは次のコードでグラフ化することができます。

リスト● ex6-2.py

```
import matplotlib.pyplot as plt
import numpy as np

x = np.arange(-5.0, 5.01, 0.05)
y = x * x - 4 * x - 5

axes = plt.axes()
axes.set_xlim([-5, 5])
axes.set_ylim([-10, 5])
plt.plot(x, y)                # グラフを描画する
plt.grid(color = '0.8')       # グリッドを描画する
plt.show()                    # グラフを表示する
```

このプログラムを実行すると、次のような放物線が描かれます。

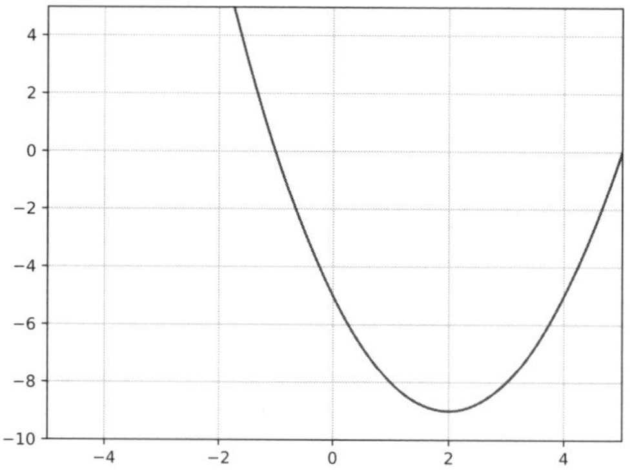

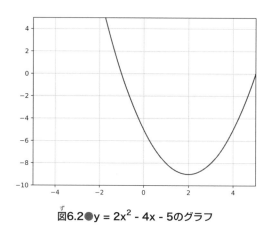

図6.2● $y = 2x^2 - 4x - 5$のグラフ

6.3 三角関数のグラフ

sin(x) や cos(x) などで表される三角関数もグラフで描くとより理解しやすくなることがあります。

三角関数のグラフは、横軸（X 軸）に角度を指定します。このとき、角度はラジアン単位で指定し、ここでは 0 ～ 2 π までにします（0 ～ 2 π 以外の範囲は同じ図形の繰り返しになります）。π の値は numpy モジュールの定数である `numpy.pi` を使って描きます。

```
x = np.linspace(0, 2 * np.pi, 500)
```

次のコードで y = sin(x) のグラフを描くことができます。

リスト● ex6-3.py

```
import matplotlib.pyplot as plt
import numpy as np

x = np.linspace(0, 2 * np.pi, 500)
y = np.sin(x)
plt.plot(x,y)
plt.grid(color = '0.8')      # グリッドを描画する
plt.show()
```

このプログラムを実行すると次のようなグラフが表示されます。

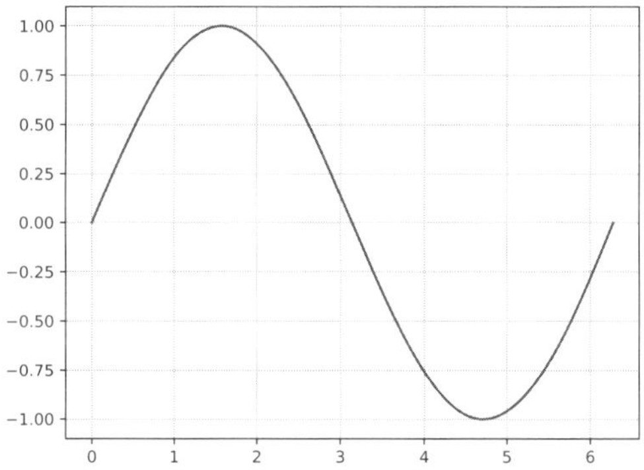

図6.3●sinのグラフ（0〜2π）

ワーク

6-1

三次関数のグラフを描いてみましょう。

6-2

y = cos(x) のグラフを描いてみましょう。

Step 07

統計値を求める 1

要点

7.1 平均値

一連の値を代表する統計値として、代表値があります。代表値には、平均値（Mean）、中央値（Median）、最頻値（Mode）が含まれます。

最も頻繁に使われるのは平均値です。平均値は対象とするデータの値をすべて加算して、データの数で割った値です。

Python で平均を求める方法はたくさんあります。

最も一般的なのは、numpy.mean() を使って計算する方法です。

```
data = np.array([161, 158, 157, 161, 167, 158, 162, 160, 159, 161, 160])
np.mean(data)    # 単純平均を計算する
```

たとえば、Python のインタラクティブシェルで、次のようにして計算します。

```
>>> import numpy as np
>>>
>>> data = np.array([161, 158, 157, 161, 167, 158, 162, 160, 159, 161, 160])
>>> np.mean(data)   # 単純平均を計算する
160.36363636363637
```

data に定義した値の単純平均値が約 160.4 であることがわかりました（33 ページの「有効数字について」参照）。これは次の計算を行ったのと同じです。

```
>>> (161+158+157+161+167+158+162+160+159+161+160)/11
160.36363636363637
```

データをリストに入れて扱う場合は、NumPy を使わずに、次のように sum() で求めた合計を len() で求めた要素数で割ってもかまいません。

```
data = [161, 158, 157, 161, 167, 158, 162, 160, 159, 161, 160]
sum(data) / len(data)
```

結果として 160.36363636363637 が得られます。

数値（Real 型）データを数学的に統計計算するための関数が statistics モジュールで提供されています。これを使って平均を計算することもできます。

```
import statistics

data = [161, 158, 157, 161, 167, 158, 162, 160, 159, 161, 160]
statistics.mean (data)
```

なお、Python にはさまざまなパッケージ／モジュールが用意されているので、平均値をさまざまな方法で計算できるのと同様に、以下に示す計算も複数の方法で計算できます。採用する方法は、速さ、正確さ、コンパクトさ、便利さなどで選びますが、小さなプログラムではどれを使ってもかまいません。

7.2 加重平均

Python で加重平均（重み付きの平均）を求めるときには、numpy.average() を使って計算することができます。

たとえば、次の例は、身長のデータ hdata の平均を求める例ですが、最も背の高い人はとびぬけて背が高いのでその点を考慮して重み weight を他の人の半分にする例です。

```
import numpy as np

hdata  = np.array([157, 158, 159, 160, 161, 162, 167])
weight = np.array([  1,   2,   1,   2,   2,   1, 0.5])
```

これは、Python のインタラクティブシェルでは、次のようにして計算します。

```
>>> import numpy as np
>>>
>>> hdata  = np.array([157, 158, 159, 160, 161, 162, 167])
>>> weight = np.array([  1,   2,   1,   2,   2,   1, 0.5])
>>> np.average(hdata, weights =weight) # 加重平均を計算する
159.94736842105263
```

最も背の高い人の重みを 0.5 にした場合の加重平均値が約 159.9 であることがわかりました。

7.3 最大値と最小値

最大値（maximum）と最小値（minimum）は、numpy.max() と numpy.min() で調べることができます。

```
import numpy as np
hdata = np.array([161, 158, 157, 161, 167, 158, 162, 160, 159, 161, 160])
np.max(hdata)    # 最大値を計算する
np.min(hdata)    # 最小値を計算する
```

7.4 中央値

中央値は、データを大きさの順に並べたときにちょうど中央になる値です。

161, 158, 157, 161, 167, 158, 162, 160, 159, 161, 160

⬇並べなおす

157, 158, 158, 159, 160, <u>160</u>, 161, 161, 161, 162, 167

↑中央値

図7.1●中央値

中央値は、numpy.median() で調べることができます。

```
import numpy as np
hdata = np.array([161, 158, 157, 161, 167, 158, 162, 160, 159, 161, 160])
np.median(hdata)
```

7.5 最頻値

最頻値（mode）は、出現回数が最も多い数を表します。numpy.bincount() を使うと、各値の出現回数をカウントすることができます。

```
>>> hdata = np.array([161, 158, 157, 161, 167, 158, 162, 160, 159, 161, 160])
>>> np.bincount(hdata)
array([0, 0, 0, 0, 0, 0, 0, 0, 0, 0, 0, 0, 0, 0, 0, 0, 0, 0, 0, 0, 0, 0,
                (略)
       0, 0, 0, 0, 0, 0, 0, 0, 0, 0, 0, 0, 0, 0, 0, 0, 0, 0, 0, 0, 0, 0,
       0, 0, 0, 1, 2, 1, 2, 3, 1, 0, 0, 0, 0, 1], dtype=int64)
```

出現回数が最大のインデックスを探せば、最頻値がわかります。

リスト● ex7-1.py

```
import numpy as np
hdata = np.array([161, 158, 157, 161, 167, 158, 162, 160,
                  159, 161, 160])
count = np.bincount(hdata)  # 各値の出現回数をカウントする
```

```
md = np.argmax(count)          # 最も頻度が多い数を取得する
print("最頻値=", md)
```

このスクリプトを実行すると、次のように結果が得られます。

```
>python mode.py
最頻値= 161
```

ワーク

7-1

10 人分の体重データを定義して、その平均値、中央値、最頻値を求めてみましょう。

7-2

100 人分の体重データを正規分布の乱数で作成して、その平均値、中央値、最頻値を求めてみましょう。

有効数字について

統計値を扱うときには、有効数字についての配慮が必要です。基本的には、結果が、計算のもととなる一連の値と同じ精度になるようにします（計算のもととなる一連の値と同じ桁数になるようにします）。たとえば、身長のデータが「160.2、168.5、171.3」などと全体で 4 桁（小数点以下 1 桁）の数値の場合、それをもとに計算する平均値などの計算結果も小数点以下 1 桁で全体で 4 桁の値にします。この場合、上の 3 個の値の平均値を計算すると、166.66666666666666 になりますが、小数点以下 2 桁目を四捨五入して 166.7 を答えとします。

なお、本書の例では、紙面を節約しコード行が長くなりすぎないようにするために、たとえば身長のデータを「160.0」とするべきところを「160」などと省略してあるところがあります。

Step 08 統計値を求める 2

要点

8.1 分散

データの散らばり具合（散布度）を示す値の1つに分散があります。

分散は平均値とデータの値の差の二乗を加えた値の平均です。n をデータ数、x_k を個々のデータ、μ を平均値とすると、分散 V は次の式で表されます。

$$V = \frac{1}{n}\sum_{k=1}^{n}(x_k - \mu)^2$$

手作業での計算式は面倒ですが、Python の numpy.var() を使えば分散を容易に計算できます。

```
>>> import numpy as np
>>> hdata = np.array([161, 158, 157, 161, 167, 158, 162, 160, 159, 161, 160])
>>> V = np.var(hdata)
>>> print("分散=", V)
分散= 6.595041322314049
```

8.2 標準偏差

データの散らばり具合を示すもう1つの値が標準偏差です。標準偏差 σ は分散 V の平方根です。

$$\sigma = \sqrt{V}$$

標準偏差は上の分散 V に対して平方根を求めることでも得られますし、numpy.std() で求めることもできます。

```
import numpy as np
hdata = np.array([161, 158, 157, 161, 167, 158, 162, 160, 159, 161, 160])
V = np.var(hdata)
sygma1 = np.sqrt(V)          # 分散の平方根で求める
print("標準偏差=", sygma1)
sygma2 = np.std(hdata)       # データから直接求める
print("標準偏差=", sygma2)
```

次のような体重のデータの、平均、分散、標準偏差の値を計算しましょう。

```
wdata = np.array([63, 52, 48, 62, 64, 60, 62, 56])
```

平均を numpy.ave() を使って、分散を numpy.var() を使って、標準偏差を numpy.std() を使って計算します。

リスト● ex8-1.py

```
import numpy as np
wdata = np.array([63, 52, 48, 62, 64, 60, 62, 56])
ave = np.average(wdata)        # 平均を求める
print('平均=', ave)
V = np.var(wdata)              # 分散を求める
print('分散=', V)
sygma = np.std(wdata)          # 標準偏差を求める
print('標準偏差=', sygma)
```

このスクリプトを実行すると、次のようになります。

```
>python ex8-1.py
平均= 58.375
分散= 29.484375
標 準 偏差= 5.429951657243368
```

ワーク

8-1

20人分の体重データを定義して、データを表示した後で、その平均値、分散、標準偏差を求めて表示しましょう。

8-2

100人分の身長データを正規分布の乱数で作成して、データを表示した後で、その平均値、分散、標準偏差を求めて表示しましょう。

Step 09 テキストファイルの読み書き

要点

9.1 ファイルへのテキストの出力

Python のプログラムでファイルに読み書きするときには、関数 open() を使ってファイルを開き、ファイルにデータを保存したり、ファイルからデータを読み込みます。

最初に、ファイル名とファイルのモード（書き込みのときには 'w'）を引数として、関数 open() を呼び出します。

```
f = open('text.txt', 'w')
```

'text.txt' がファイル名で、'w' は書き込み（write）モードであることを表します。このとき、返されるファイルを識別する値を変数（この例では f）に保存しておきます。

次に、ファイルのメソッド write() を使ってファイルに文字列を書き込みます。

```
f.write('Hello, Python!')
```

最後にメソッド close() を使ってファイルを閉じます。

```
f.close()
```

スクリプトファイルとしてまとめると、次のようになります。

リスト● ex9-1.py

```
f = open('text.txt', 'w')
f.write('Hello, Python!')
f.close()
```

このコードを実行すると、カレントディレクトリ（現在作業しているディレクトリ）に、内容が「Hello, Python!」であるファイル text.txt ができます。

2 行以上のテキストを出力したり、行の最後に改行の制御文字を入れたいときには、'\n' を挿入します。

リスト● ex9-2.py

```
f = open('text1.txt', 'w')
f.write('Hello, Python!\nHappy dogs.\n')
f.close()
```

このコードを実行すると、text1.txt の内容は次のようになります。

```
Hello, Python!
Happy dogs.
```

9.2 ファイルへの追加

既存のファイルの最後に追加して書き込みたいときには、既存のファイル名とファイルのモードとして 'a'（append の略）を引数として、関数 open() を呼び出します。

```
f = open('text.txt', 'a')
```

この場合も、返されるファイルを識別する値を変数（この例では f）に保存しておきます。

次に、ファイルのメソッド write() を使って通常の出力と同様にファイルに文字列を書き込みます。

```
f.write('Happy dogs.')
```

最後にメソッド close() を使ってファイルを閉じます。

```
f.close()
```

スクリプトファイルにすると、次のようになります。

リスト● ex9-3.py

```
f = open('text.txt', 'a')
f.write('Happy dogs.')
f.close()
```

このコードを実行すると、内容が「Hello, Python!」であるファイル text.txt にテキスト「Happy dogs.」が追加されて、ファイル text.txt の内容が「Hello, Python! Happy dogs.」になります。

9.3 ファイルからの読み込み

ファイルからの読み込みのときにも open() を使ってファイルを開きます。

最初に、ファイル名とファイルのモードとして 'r' を引数として、関数 open() を呼び出します（'r' は read モードであることを表します）。

```
f = open('text.txt', 'r')
```

このとき、返されるファイルを識別する値を変数（この例では f）に保存しておきます。

次に、ファイルのメソッド readline() を使ってファイルから文字列を読み込みます。

```
s = f.readline()
```

読み込みが終わったらメソッド close() を使ってファイルを閉じます。

```
f.close()
```

最後に読み込んだ内容を出力してみます。

```
print(s)
```

スクリプトファイルにすると、次のようになります。

リスト● ex9-4.py

```
f = open('text.txt', 'r')
s = f.readline()
f.close()
print(s)
```

このスクリプトを実行すると、ファイル text.txt から読み込んだ内容を知ることができます。

9.4 複数行の読み込み

テキスト行ごとに読み書きするのではなく、テキストファイル全体を読み書きすることもできます。

ファイルオブジェクトのメソッド readlines() を使うと、テキストファイル全体がリストに読み込まれます。次の例は text1.txt にあるテキスト行を読み込んですべて出力するスクリプトの例です。

リスト● ex9-5.py

```
f = open ('text1.txt', 'r')
lines = f.readlines()
f.close()

for line in lines:
    print(line)
```

この方法の良い点は、ファイルの読み込みという作業と、読み込んだ内容を出力するという作業を分けることができる点と、ファイルを早期に閉じることができるという点です。

読み込んだ各テキスト行の最後には改行の制御コードが含まれているので、それを削除するには str.strip() を使います。次の例は text1.txt にあるテキスト行を読み込んで、すべての改行を取り除いてから出力するスクリプトの例です。

リスト● ex9-6.py

```
f = open ('text1.txt', 'r')
lines = f.readlines()
f.close()

for line in lines:
    print(line.strip('\n'))
```

ワーク

9-1

100人分の身長データを正規分布の乱数で作成して、step9.data という名前のファイルに保存しましょう。

9-2

ファイル step9.data から100人分の身長データを読み込んで、先頭の10人のデータを表示するプログラムを作成しましょう。

Step 10 テキストデータから統計値を求める

要点

10.1 代表値

データを代表する代表値には、平均値、中央値、最頻値などがあります。また、最小値（minimum）や最大値（maximum）もデータを代表する値です。

Python で平均を求めるもっとも一般的な方法は、numpy.mean() を使って計算する方法です。

```
np.mean(data)    # 単純平均を計算する
```

中央値は、データを大きさの順に並べたときにちょうど中央になる値です。中央値は、numpy.median() で調べることができます。

```
np.median(data)
```

最頻値（mode）は、出現回数が最も多い数を表します。numpy.bincount() を使うと、各値の出現回数をカウントすることができるので、出現回数の中から最も頻度が多い数（最頻値）を取得します。

```
count = np.bincount(data)    # 各値の出現回数をカウントする
md = np.argmax(count)        # 最も頻度が多い数（最頻値）を取得する
```

最大値と最小値は、numpy.max() と numpy.min() で調べることができます。

```
np.max(hdata)    # 最大値を計算する
np.min(hdata)    # 最小値を計算する
```

ここでは、最初にテキスト形式で 1000 人分の体重データ（小数点以下 1 桁まで）が保存されているファイルを作成します。

次のコードで、1000 人分の体重データを正規分布の乱数で作成します。

```
rdata = np.random.normal(loc=58.0, scale=2, size=1000)
```

そして、書式を指定する '{:.1f}\n'.format(x) を使って各値を小数点以下 1 桁の文字列にして step10.data という名前のファイルに保存します。

```
f = open('step10.data', 'w')
for x in data:
    sx = '{:.1f}\n'.format(x)    # 小数点以下1桁の文字列にする
    f.write(sx)
```

スクリプト全体は次のようになります。

リスト● ex10-1.py

```
import numpy as np

data = np.random.normal(loc=58.0, scale=2, size=1000)

f = open('step10.data', 'w')
for x in data:
    sx = '{:.1f}\n'.format(x)    # 小数点以下1桁の文字列にする
    f.write(sx)

f.close()
```

このスクリプトを実行すると、1000 人分の体重データを含むファイル step10.data が作成されます。このファイルから 1000 人分の体重データを読み込んで、代表値を計算しましょう。

リスト● ex10-2.py

```
import numpy as np

f = open('step10.data', 'r')
lines = f.readlines()
f.close()

data = []                       # 空のリストを作る
for line in lines:
    data.append(float(line.strip('\n')))

ave = np.mean(data)             # 単純平均を計算する
print ('平均=', '{:.1f}'.format(ave))

med = np.median(data)
print ('中央値=', '{:.1f}'.format(med))

count = np.bincount(data)       # 各値の出現回数をカウントする
md = np.argmax(count)           # 最も頻度が多い数（最頻値）を取得する
print ('最頻値=', '{:.1f}'.format(md))
```

10.2 散布度

散布度はデータの散らばり具合で、分散や標準偏差などの値があります。

分散は numpy.var() を使って容易に計算できます。

```
V = np.var(hdata)        # 分散を求める
```

標準偏差は numpy.std() で求めることができます。

```
sygma = np.std(data)    # データから標準偏差を求める
```

ファイルからデータを取得するために、次のコードを使うことができます。

```
f = open('step10.data', 'r')
lines = f.readlines()
f.close()
```

こうして得られた lines に含まれているデータは改行 '\n' が後ろに付いている文字列なので、strip() で改行の制御コード '\n' を削除します。

```
data = []    # 空のリストを作る
for line in lines:
    sv = line.strip('\n')
    data.append(float(sv))
```

最後の 2 行は次の 1 行にまとめることができます。

```
data.append(float(line.strip('\n')))
```

ファイル step10.data から 1000 人分の体重データを読み込んで、散布度を計算して表示するプログラム全体は次のようになります。

リスト● ex10-3.py

```
import numpy as np

f = open('step10.data', 'r')
lines = f.readlines()
f.close()

data = []                    # 空のリストを作る
for line in lines:
    data.append(float(line.strip('\n')))
```

```
V = np.var(data)          # 分散を求める
print ('分散=', '{:.1f}'.format(V))

sygma = np.std(data)      # データから標準偏差を求める
print ('標準偏差=', '{:.1f}'.format(sygma))
```

ワーク

10-1

100人分の身長データ（小数点以下1桁まで）を正規分布の乱数で作成して work10.data という名前のファイルに保存しましょう。

10-2

ファイル work10.data から100人分の身長データを読み込んで、代表値と散布度を計算して表示するプログラムを作成しましょう。

Step 11 テキストデータからグラフを作成する

要点

11.1 折れ線グラフ

ここでは、テキストファイルの中のデータからグラフを作成します。

次のような年度と人口のデータを含むファイル step11.txt があるものとします。

リスト● step11.txt

```
2017 18201
2018 19202
2019 20135
2020 21005
2021 21214
2022 21875
2023 22351
```

これを読み込んで変数 lines に保存するコードは次のとおりです。

```
f = open ('step11.txt', 'r')
lines = f.readlines()
f.close()
```

1行分のデータ（文字列）は次の for 文で取り出し、str.split() を使って、2つのデータに分けます。

```
for line in lines:
    y, p = line.split()
```

たとえば、line に「2017　18201」が入っているときには、y に '2017' が、p には '18201' が保存されます。

int() を使って文字列から整数に変換して空のリスト year と pop に次々に保存するには次のようにします。

```
year = []                    # 空のリストを作る
pop = []                     # 空のリストを作る
for line in lines:
```

```
    y, p = line.split()
    year.append(int(y))      # 年度のデータを保存する
    pop.append(int(p))       # 人口のデータを保存する
```

こうして得られたデータを matplotlib.pyplot.plot() でグラフにします。

```
plt.plot(year, pop)
```

テキストファイルからデータを読み込んでグラフを表示するスクリプト全体は次のようになります。

リスト● ex11-1.py

```
import matplotlib.pyplot as plt

f = open ('step11.txt', 'r')
lines = f.readlines()
f.close()

year = []                    # 空のリストを作る
pop = []                     # 空のリストを作る
for line in lines:
    y, p = line.split()
    year.append(int(y))      # 年度のデータを保存する
    pop.append(int(p))       # 人口のデータを保存する

plt.plot(year, pop)
plt.xlim(min(year), max(year))
plt.ylim(0, 25000)
plt.xlabel('Year', fontsize = 16)
plt.ylabel('Population', fontsize = 16)
plt.grid(color = '0.8')
plt.show()
```

これを実行すると、次のようなグラフが表示されます。

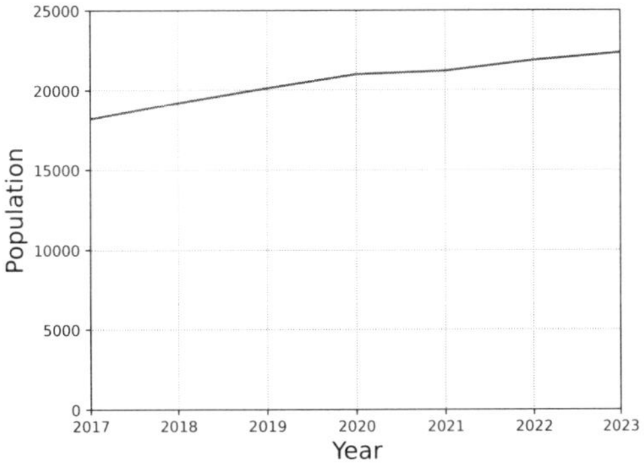

図11.1●人口推移の図

11.2 ヒストグラム

テキストファイルからヒストグラムを作成するのも簡単です。

ここでは次のようなコードで、平均160.0、標準偏差2.5の身長データを100個作って、ファイル sample11.data に保存するものとします。

リスト● ex11-2.py

```
import numpy as np

data = np.random.normal(loc=160.0, scale=3.5, size=100)

f = open('sample11.data', 'w')
for x in data:
    sx = '{:.1f}\n'.format(x)    # 小数点以下1桁の文字列にする
    f.write(sx)

f.close()
```

このスクリプトを実行すると、ファイル sample11.data が作成されます。

データファイルからデータを読み込むコードは折れ線グラフのときと同じです。

読み込んだデータは文字列なので、float() を使って実数に変換して data に保存します。

```
for line in lines:
    data.append(float (line))
```

そして matplotlib.pyplot.hist() でヒストグラムを作成します。このとき、グラフの範囲を matplotlib.pyplot.xlim で指定し、hist() の rwidth で棒の幅を、bins で階級（ヒストグラムの棒）の数（デフォルトは10）を指定します。

```
plt.xlim(150, 175)
plt.hist(data, bins=20)
```

そして、matplotlib.pyplot.show() で表示します。プログラム全体は次のようになります。

リスト● ex11-3.py

```
import numpy as np
import matplotlib.pyplot as plt

data = []        # 空のリストを作る

f = open ('sample11.data', 'r')
lines = f.readlines()
```

```
f.close()

for line in lines:
    data.append(float(line))

plt.xlim(150, 175)
plt.hist(data, bins=20)
plt.show()
```

このスクリプトを実行すると、次のようなグラフが表示されます。

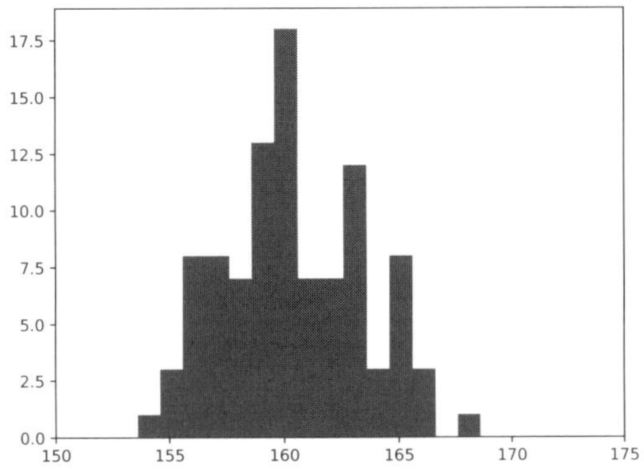

図11.2●スクリプトの実行例

ワーク

11-1

平均 60.0、標準偏差 3.0 の体重データを 100 個作って、ファイルに保存するプログラムを作ってみましょう。

11-2

ワーク 11-1 で作成した 100 個の体重データを含むファイルからデータを読み込んでグラフに表示するプログラムを作ってみましょう。

Step 12 コマンドライン引数

要点

12.1 コマンドライン

OS のコマンドプロンプト（> や %、$ などを含む文字列）に対して入力するコマンド文字列全体をコマンドラインといいます。

たとえば、次のように Python のスクリプトファイル ex12-1.py に対して「abc 123」という引数を指定して python を起動する場合、OS から見ると「python ex12-1.py abc 123」全体がコマンドラインです。

```
>python ex12-1.py abc 123
```

Python のプログラム（スクリプト）から見ると、「ex12-1.py abc 123」が引数を伴うコマンドラインです。

12.2 コマンドライン引数

Python のプログラムは、コマンドライン引数を受け取ることができます。コマンドライン引数を受け取るには、sys モジュールの argv を使います。

次の例は、スクリプトが実行されたときのコマンドラインの引数をすべて表示するためのスクリプトの例です。

リスト● ex12-1.py

```
import sys

args = sys.argv

for v in args:
    print(v)
```

コマンドラインを「python ex12-1.py abc 123」として上のスクリプトを実行すると次のように出力されます。

```
>python ex12-1.py abc 123
ex12-1.py
```

```
abc
123
```

最初の引数（sys.argv[0]）はスクリプトファイル名（ex12-1.py）です。

2番目の引数（sys.argv[1]）はこの場合「abc」で、3番目の引数（sys.argv[2]）はこの場合「123」です。

たとえば、Pythonのスクリプトに対する引数が数値であって、合計を求めたいときには、次のようにします。

```
for v in args[1:]:
    total = total + float(v)
```

args[0]にはスクリプト名が入っているので、2番目の要素から最後の要素まで加算するために、for文の範囲を「args[1:]」としている点に注意してください。

実行できるスクリプトとしてまとめると、次のようになります。

リスト● ex12-2.py

```
import sys

args = sys.argv

total = 0.0
for v in args[1:]:
    total = total + float(v)

print('合計=', total)
```

たとえば、次のように実行して合計を計算します。

```
>python ex12-2.py 12 7 23.5 4.1
合計= 46.6
```

12.3 main()

ほとんどのプログラミング言語で、プログラムの実行はmainという名前の場所または関数などから実行が開始されます。

Pythonのスクリプトでは、mainがなければ原則としてファイルの最初のほうから関数定義などを除いた実行可能なコードが順に実行されますが、明示的にmainを記述することもできます。

Pythonのスクリプトでmainを記述するときには、次のような形式で記述します。

```
if __name__ == '__main__':
    (実行される最初のコード)
```

main でコマンドライン引数を使うときの典型的なコードパターンは次のような形になります。

```
if __name__ == '__main__':
    args = sys.argv
    if 1 < len(args):
        (引数があるときに実行されるコード)
    else:
        (引数がないときに実行されるコード)
```

たとえば、スクリプト名の後の引数から最後の引数までの数値を加算するスクリプトは次のように作ります。

リスト● ex12-3.py

```
import sys

def gettotal(args):
    total = 0.0
    for v in args[1:]:
        total = total + float(v)
    return (total)

if __name__ == '__main__':
    total = 0
    args = sys.argv
    if 1 < len(args):
        total = gettotal(args)
    else:
        print('引数を指定してください。')
        sys.exit()

    print('合計=', total)
```

上のコードで、sys.exit() はプログラムの実行を終了します。

たとえば、次のように実行して合計を計算します。

```
>python ex12-3.py 5.2 7 23.5 4.1
合計= 39.800000000000004
```

合計が 39.8 にならずに合計 = 39.800000000000004 になるのは、実数計算で誤差が発生するためです。

引数を指定しないで実行すると、次のように「引数を指定してください。」と出力されます。

```
>python ex12-3.py
引数を指定してください。
```

ワーク

12-1

任意の名前のファイルに保存された一連の値の代表値（最大値、最小値、平均値、中央値、最頻値）を表示するスクリプトを作ってみましょう。

12-2

任意の名前のファイルに保存された一連の値のヒストグラムを表示するスクリプトを作ってみましょう。

Step 13 バイナリファイルの読み書き

要点

13.1 バイナリファイル

テキストエディタで表示できないファイルの内容は、バイトが連続しているバイナリファイルとして扱うことができます。

各バイトの数値は、次の ASCII コード表のように対応しています（ただし表に示すのは下位7ビットだけです）。

表 13.1 ● ASCII コード表（7 ビット）

	0	1	2	3	4	5	6	7
0	NUL	DLE	SP	0	@	P	`	p
1	SOH	DC1	!	1	A	Q	a	q
2	STX	DC2	"	2	B	R	b	r
3	ETX	DC3	#	3	C	S	c	s
4	EOT	DC4	$	4	D	T	d	t
5	ENQ	NAK	%	5	E	U	e	u
6	ACK	SYN	&	6	F	V	f	v
7	BEL	ETB	'	7	G	W	g	w
8	BS	CAN	(	8	H	X	h	x
9	HT	EM	)	9	I	Y	i	y
A	LF	SUB	*	:	J	Z	j	z
B	VT	ESC	+	;	K	[	k	{
C	FF	FS	,	<	L	¥	l	|
D	CR	GS	-	=	M	]	m	}
E	SO	RS	.	>	N	^	n	~
F	SI	US	/	?	O	_	o	DEL

表の一番左側の列は、2 桁の 16 進数で最下位の桁（右から 1 桁目）の値、表の最上部の行は 16 進数で右から 2 桁目の値を表しています（A ～ F は小文字で表される場合もあります）。

たとえば、文字 'M' は上位ビットが 4、下位ビットが D なので、バイトの値は 16 進数で 4D、文字 'T' は上位ビットが 5、下位ビットが 4 なので、バイトの値は 16 進数で 54 になります。

13.2 ファイルへのバイナリ出力

ファイルへ一連のバイト値を出力するには、open() でファイルを開くときのモードとして 'wb' を指定してファイルを開き、write() を使って書き込みます。

次の例は ASCII コードで 0x14、0x25、0x36、0x47、0x58 の 5 バイトをデータとしてファイル sample13.dat に書き込む例です。

リスト● ex13-1.py

```
f = open('sample13.dat', 'wb')
f.write(b'\x14\x25\x36\x47\x58')
f.close()
```

13.3 ファイルからバイナリ入力

ファイルから一連のバイト値を取り出すには、open() でファイルを開くときのモードとして 'rb' を指定してファイルを開き、read() を使って書き込みます。

次の例はファイル sample13.dat から読み込んだバイトデータを 16 進数で表示するスクリプトの例です。

リスト● ex13-2.py

```
f = open('sample13.dat', 'rb')
data = f.read()
f.close()

for b in data:
    print(f'{b:02x}')
```

引数を指定しない場合、read() はファイルのすべてのバイトを読み込みます。読み込むバイト数を指定したいときには read() の引数に読み込みたいバイト数を指定します。

```
data - f.read(n)    # nは読み込むバイト数
```

次の例は、ファイルの内容を 1 バイトずつ読み込んでは 16 進数で表示することをファイルの最後まで繰り返すスクリプトの例です。

リスト● ex13-3.py

```
f = open('sample13.dat', 'rb')
while 1:
    data = f.read(1)
    if len(data) < 1:
        break
    b = data[0]
```

```
    print(f'{b:02x}')

f.close()
```

13.4 ファイルのコピー

ファイルをバイト単位で扱うことによって、ファイルの種類にかかわらず同じ方法でコピーすることができます。

コピー元のファイル名が変数 **srcfile**、コピー先のファイル名が変数 **dstfile** に入っているとすると、次のようにして両方のファイルを開いて **read()** でコピー元からファイルの一連のバイトを読み込み、**write()** でコピー先に書き込むことでコピーできます。

```
fi = open(srcfile, 'rb')
fo = open(dstfile, 'wb')
data = fi.read()
fo.write(data)
fi.close()
fo.close()
```

ただし、ファイルアクセス中に問題が発生する可能性があるので、ファイルは開いて使い終わったらできるだけすぐに閉じることが望ましいので、次のようなコードにするほうがより望ましいといえます。

```
fi = open(srcfile, 'rb')
data = fi.read()
fi.close()
fo = open(dstfile, 'wb')
fo.write(data)
fo.close()
```

コピー元とコピー先の 2 つのファイル名をコマンドラインで受け取ってファイルをコピーするプログラム全体は次のようになります。

リスト● ex13-4.py

```
import sys

args = sys.argv
if len(args) < 3:
    print('コピー元とコピー先のファイル名を指定してください。')
    sys.exit()

fi = open(args [1], 'rb')
```

```
data = fi.read()
fi.close()
fo = open(args[2], 'wb')
fo.write(data)
fo.close()

print(len(data), 'バイトコピーしました。')
```

このプログラムは、たとえば、test.dat というファイルが存在すると仮定して、次のように実行します。

```
>python ex13-4.py test.dat dest.dat
```

これで test.dat の内容がコピーされた dest.dat というファイルが作成されます。

ワーク

13-1

文字列 'Python\n' をバイト値の並びに変えてみましょう。

13-2

ファイルを 1 バイトずつ読み込んでは書き込むことでファイルをコピーするプログラムを作成しましょう。

Step 14 バイナリデータから統計値を求める

要点

14.1 代表値

代表値には、平均値、中央値、最頻値が含まれます。また、最大値と最小値も重要な値です。これらの値は、Step 07「統計値を求める 1」で示した方法で取得できます。

バイナリファイルの各バイトをデータとしたときに代表値を求めるプログラムは次のようにります。

リスト● ex14-1.py

```
import sys
import os
import numpy as np

args = sys.argv
if len(args) < 2:
    print('ファイル名を指定してください。')
    sys.exit()

f = open(args [1], 'rb')
bdata = f.read()
f.close()

data = []                    # 空のリストを作る
for x in bdata:
    data.append(int(x))

print("最大値:", np.max(data))
print("最小値:", np.min(data))
print("平均値:", np.mean(data))
print("中央値:", np.median(data))
count = np.bincount(data)    # 各値の出現回数をカウントする
md = np.argmax(count)        # 最も頻度が多い数を取得する
print("最頻値=", md)
```

たとえば、binsample.datというファイルが存在するならば次のように実行します。

```
>python ex14-1.py binsample.dat
```

14.2 散布度

散布度はデータの散らばり具合を表し、分散や標準偏差が含まれます。

これらの値は、Step 08「統計値を求める 2」で示した方法で取得できます。

バイナリファイルの各バイトをデータとしたときに散布度を求めるプログラムは次のようになります。

リスト● ex14-2.py

```
import sys
import os
import numpy as np

args = sys.argv
if len(args) < 2:
    print('ファイル名を指定してください。')
    sys.exit()

f = open(args [1], 'rb')
bdata = f.read()
f.close()

data = []                    # 空のリストを作る
for x in bdata:
    data.append(int(x))

V = np.var(data)             # 分散を求める
print('分散=', V)
sygma = np.std(data)         # 標準偏差を求める
print('標準偏差=', sygma)
```

ワーク

14-1

バイト数が偶数バイトのファイルがあり、奇数バイトを上位バイト、偶数バイトを下位バイトとして 2 バイトで 1 つの値を表すとしたときの、代表値と散布度を求めるプログラムを作成しましょう。

14-2

バイト数が偶数バイトのファイルの、奇数バイトを X の値、偶数バイトを Y の値として、散布図を描くプログラムを作成しましょう。

Step 15 バイナリデータの 16 進ダンプ

要点

15.1 ファイルの 16 進表示

バイナリファイルの場合、テキストファイルのようにファイルの内容を直接見て理解することができません。そこで、ファイルの内容を次の例に示すようにバイトごとに 16 進数で表示することがよくあります。このとき、次のように 16 進数でバイトの値を表示し、さらに対応する値が文字で表される場合は右側に文字で表示すると、バイナリファイルの内容がよりわかりやすくなります。

```
4d 54 68 64 00 00 00 06  00 01 00 01 01 e0 4d 54  MThd.... ......MT
72 6b 00 00 00 2f 00 ff  51 03 07 a1 20 00 90 3c  rk.../.. Q... ..<
7f 87 40 80 3c 40 00 90  40 7f 83 60 80 40 40 00  ..@.<@.. @..`.@@.
90 43 7f 83 60 80 43 40  00 90 3c 7f 8f 00 80 3c  .C..`.C@ ..<....<
40 00 ff 2f 00                                     @../.
```

この例の場合、最初のバイトは 16 進数で 4d で ASCII 文字 'M' に相当し、次のバイトは 16 進数で 54 で ASCII 文字 'T' に相当し、5 番目のバイトは 16 進数で 00 で相当する ASCII 文字はないということがわかります。

このように 16 進数でファイルの内容を表示することを、16 進ダンプと呼ぶことがよくあります。

ここでは、最初にファイルの内容を次のように 16 進数で表示することだけを考えます。

```
4d 54 68 64 00 00 00 06  00 01 00 01 01 e0 4d 54
72 6b 00 00 00 2f 00 ff  51 03 07 a1 20 00 90 3c
7f 87 40 80 3c 40 00 90  40 7f 83 60 80 40 40 00
90 43 7f 83 60 80 43 40  00 90 3c 7f 8f 00 80 3c
40 00 ff 2f 00
```

このように表示するには、data にデータが含まれているとすると、次のコードを使うことができます。

```
for i, x in enumerate(data, 1):
    print(f"{x:02x}",end=' ')
```

enumerate() は、最初の引数の内容から、インデックスと要素を順に取り出します。このとき、デフォルトでは enumerate() のインデックスは 0 から始まるので、enumerate() の第 2 引数に 1 を指定してインデックスが 1 から始まるようにします。

f"{x:02x}" は値 x を 2 桁の 16 進数で出力し、end=' ' は最後に（改行に替えて）空白文字を出力することを意味します。

16 バイトごとに改行するには次のようにします。

```
for i, x in enumerate(data, 1):
    print(f"{x:02x}",end=' ')
    if i % 16 == 0:     # 16バイトごとに改行する
        print()
```

さらに次のコードを追加して 8 バイトごとに間隔をあけるとより見やすくなります。

```
if i % 8 == 0:      # 8バイトごとに間隔をあける
    print(end=' ')
```

print() の中の end=' ' は、出力の最後を改行ではなく指定した文字に変更します。

ファイルの内容をバイトごとに 16 進数で表示するプログラム全体は次のようになります。

リスト● ex15-1.py

```
from sys import argv
from os.path import exists

if len(argv) != 2:
    print('16進ダンプ表示するファイル名を指定してください。')
    exit()

if not exists(argv[1]):
    print('ファイルが存在しません。')
    exit()

with open(argv[1], 'rb') as f:
    data = f.read()

for i, x in enumerate(data, 1):
    print(f"{x:02x}",end=' ')
    if i % 16 == 0:         # 16バイトごとに改行する
        print()
    elif i % 8 == 0:        # 8バイトごとに間隔をあける
        print(end=' ')
```

15.2 ファイルの16進ASCII表示

ファイルの内容のうち、「A」や「6」、あるいは「%」のような目で見てわかる文字（表示可能文字）だけを表示するようにすることもできます。それ以外の文字はピリオド'.'で表示します。

表示可能文字の範囲は、文字コードが0x1fより大きく、0x7fより小さい文字であるとします。

```
if 0x1f < x and x < 0x7f:
    print(f"{x:c}", end='')
else :
    print(".", end='')
```

ファイルの内容のうち、表示可能文字は文字として表示し、そうでない文字をピリオド'.'で表示するプログラム全体は次のようになります。

リスト● ex15-2.py

```
from sys import argv
from os.path import exists

if len(argv) != 2:
    print('16進ダンプ表示するファイル名を指定してください。')
    exit()

if not exists(argv[1]):
    print('ファイルが存在しません。')
    exit()

with open(argv[1], 'rb') as f:
    data = f.read()

for i, x in enumerate(data, 1):
    if 0x1f < x and x < 0x7f:
        print(f"{x:c}", end='')
    else :
        print(".", end='')
    if i % 16 == 0:            # 16バイトごとに改行する
        print()
    elif i % 8 == 0:           # 8バイトごとに間隔をあける
        print(end=' ')
```

ワーク

15-1

さまざまなファイルを16進ダンプで表示してみましょう。

15-2

ファイルの内容を、16進数とASCII文字で表示するプログラムを作ってみましょう。

Step 16 CSVファイルの読み書き

要点

16.1 CSVファイル

CSV（Comma Separated Value）ファイルは、カンマ（,）で区切られた値が保存されたファイルです。CSVファイルはアプリなどの値の保存だけでなく、データの交換にもよく使われます。

身長のデータを保存したCSVファイルの例を以下に示します。

リスト● sample.csv

```
168.5, 156.4, 170.2, 166.5, 168, 159.2, 161.5, 159.7, 164.3, 162.7, 160,
161.4, 159.3, 168.2, 156.1, 170.0, 166.9, 168, 159.8, 164.7, 162.6, 160,
166.5
```

上の例では、カンマの後にスペースを入れていますが、これはデータを見やすくするためで、スペースがない場合もよくあります。

また、異なる種類のデータを含む場合もあります。次の例は、名前、身長、体重のデータを保存したCSVデータの例です。

リスト● ex16.csv

```
Jimmy, 165, 55
Kenta, 171, 66
Kelly, 164, 55
```

16.2 CSVファイルへの出力

CSVファイルとして出力するときには、write() で個々の値とカンマを出力することもできます。

```
f = open('ex16-0.csv', 'w')
data = [168.5, 156.4, 170.2, 166.5, 168, 159.2, 161.5, 159.7, 164.3, 162.7,
160]
for x in data:
    f.write(str(x))
    f.write(',')
```

```
f.close()
```

しかし、csv モジュールの writer() を使うことでより容易にデータをファイルに保存することができます。

リスト● ex16-1.py

```
import csv

data = [168.5, 156.4, 170.2, 166.5, 168, 159.2, 161.5, 159.7, 164.3, 162.7,
160]

f = open('ex16-1.csv', 'w')
writer = csv.writer(f)
writer.writerow(data)
f.close()
```

この方法ならば、上に示したように、writer.writerow() でデータを一気に出力することができます。

with 文を使ってさらに簡潔にすることもできます。

```
with open('ex16-1.csv', 'w') as f:
    writer = csv.writer(f)
    writer.writerow(data)
```

データを定義して with 文を使って CSV ファイルに保存するプログラムは、たとえば次のように作ることができます。

リスト● ex16-2.py

```
import csv

data = [168.5, 156.4, 170.2, 166.5, 168, 159.2, 161.5, 159.7, 164.3, 162.7,
160, 161.4, 159.3, 168.2, 156.1, 170.0, 166.9, 168, 159.8, 164.7, 162.6, 160,
166.5]

with open('ex16-2.csv', 'w') as f:
    writer = csv.writer(f)
    writer.writerow(data)
```

16.3 CSV ファイルからの入力

CSV ファイルからの入力には、csv.reader() を使うことができます。

```
r = csv.reader(f)
for row in r:
    print(row)
```

任意のファイル名の CSV ファイルの内容を表示するプログラムは、たとえば次のように作ることができます。

リスト● ex16-3.py

```
import sys
import csv

args = sys.argv
if len(args) < 2:
    print('ファイル名を指定してください。')
    sys.exit()

with open(args[1]) as f:
    r = csv.reader(f)
    for row in r:
        print(row)
```

日本語など ASCII 文字以外の Unicode 文字を使う場合は、Encoding を指定します。

たとえば、次のような日本語を含む UTF-8 の CSV ファイルがあるものとします。

リスト● ex16jp.csv

```
山田花子, 165, 55
富田次郎, 171, 66
斎藤孝雄, 164, 55
```

上の CSV ファイルを読み込んで内容を表示するときに、次のようなコードを使います。

リスト● ex16-4.py

```
import sys
import csv

with open('ex16jp.csv', encoding='utf-8') as f:
    r = csv.reader(f)
    for row in r:
        print(row)
```

16.4 CSVのそれぞれの値の取得

改行を含むCSVファイルからの入力では、次のコードで読み込んだ時に、rowはそれぞれの行のデータになります。

```
r = csv.reader(f)
for row in r:
    print(row)
```

たとえば、次のようなデータ行を読み込んだとします。

```
Jimmy, 165, 55
```

すると、row[0]には「Jimmy」が、row[1]には165が、row[2]には55が保存されています。

次の例は、リストに示したファイルex16.csvを読み込んで、その中のデータを表示するプログラムの例です。

リスト● ex16-5.py

```
import csv

with open('ex16.csv') as f:
    r = csv.reader(f)
    for row in r:
        print('名前:', row[0], end = '  ')
        print('身長:', row[1], end = '  ')
        print('体重:', row[2])
```

このプログラムを実行すると、次のように表示されます。

```
名前: Jimmy  身長:  165  体重:  55
名前: Kenta  身長:  171  体重:  66
名前: Kelly  身長:  164  体重:  55
```

ワーク

16-1

正規分布に従う100個の体重データを含むCSVファイルを作成しましょう。

16-2

正規分布に従う100個の身長と体重データを含むCSVファイルを作成しましょう。

Step 17 CSV データから統計値を求める

要点

17.1 代表値

データを代表する代表値には、平均値、中央値、最頻値などがあります。また、最小値（minimum）や最大値（maximum）もデータを代表する値です。これらの値を求める方法はこれまで何度も見てきました。

ここでは、リスト ex16-1.py を実行するとできる CSV ファイル ex16-1.csv から身長データを読み込んで、最大値と最小値、平均値を表示するプログラムを作ってみます。

リスト● ex17-1.py

```
import csv
import numpy as np

data = []    # 空のリストを作る

with open('ex16-1.csv') as f:
    r = csv.reader(f)
    for row in r:
        for v in row:
            data.append(float(v))

max = np.max(data)
min = np.min(data)
print('最大値:', max)
print('最小値:', min)
print("平均値:", np.mean(data))
```

このプログラムを実行すると次のように出力されます。

```
>python ex17-1.py
最大値: 170.2
最 小 値: 156.1
平均値: 163.5
```

17.2 散布度

散布度はデータの散らばり具合で、分散や標準偏差などの値があります。これらの値を求める方法についても、これまで何度も見てきました。

ここでは、リスト ex16-1.py を実行するとできる CSV ファイル ex16-1.csv から身長データを読み込んで、分散と標準偏差を表示するプログラムを作ってみます。

リスト● ex17-2.py

```
import csv
import numpy as np

data = []                       # 空のリストを作る

with open('ex16-1.csv') as f:
    r = csv.reader(f)
    for row in r:
        for v in row:
            data.append(float(v))

V = np.var(data)                # 分散を求める
print('分散=', V)
sygma = np.std(data)            # 標準偏差を求める
print('標準偏差=', sygma )
```

ワーク

17-1

ワーク 16-1 で作成した正規分布に従う 100 個の体重データを含む CSV ファイルを読み込んで、代表値と散布度を表示するプログラムを作成しましょう。

17-2

Step 16 で示した ex16.csv のデータから体重データを含む CSV ファイルを読み込んで、最大値と最小値および平均値を表示するプログラムを作成しましょう。

Step 18 CSV データからグラフを作成する

要点

18.1　ヒストグラム

Step 16 で使った身長データを含む CSV ファイル sample.csv からヒストグラムを作成しましょう。

次のようなプログラムを作ります。

リスト● ex18-1.py

```
import csv
import matplotlib.pyplot as plt

data = []        # 空のリストを作る

with open('sample.csv') as f:
    r = csv.reader(f)
    for row in r:
        for v in row:
            if len(v) > 0:
                data.append(float(v))

plt.hist(data)
plt.show()
```

これを実行すると次のようなグラフが描かれます。

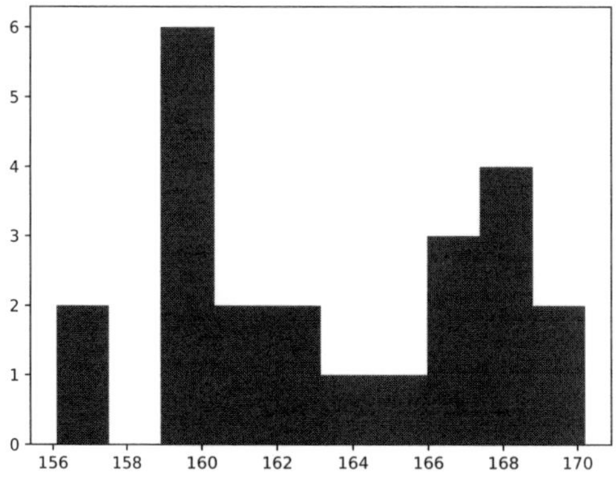

図18.1●身長のヒストグラム

18.2 散布図

ワーク 16-2 で作成した、正規分布に従う 100 個の身長と体重データを含む CSV ファイル wk16-2.csv から散布図を作成しましょう。

リスト● ex18-2.py

```
import csv
import matplotlib.pyplot as plt

hdata = []                                  # 空のリストを作る
wdata = []                                  # 空のリストを作る

with open('wk16-2.csv') as f:
    r = csv.reader(f)
    for row in r:
        hdata.append(float(row[0]))         # 身長
        wdata.append(float(row[1]))         # 体重

plt.scatter(hdata, wdata)
plt.show()
```

これを実行すると次のようなグラフが描かれます。

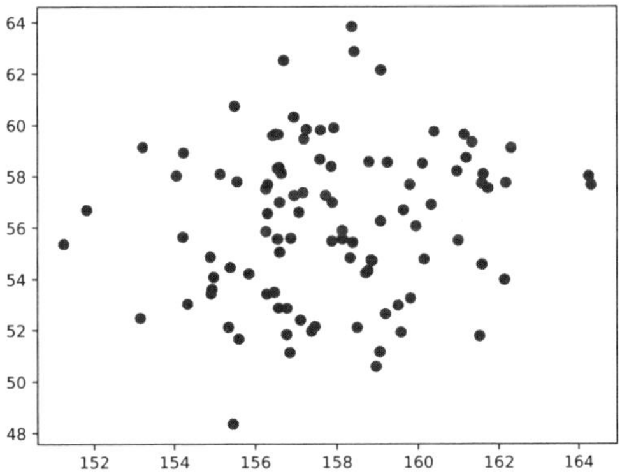

図18.2●身長と体重の散布図

ワーク

18-1

ex18-1.py で作成したヒストグラムの間隔を調整してより見やすいグラフにしましょう。

18-2

ワーク 16-1 で作成した正規分布に従う 100 個の体重データを含む CSV ファイルを読み込んで、ヒストグラムを表示するプログラムを作成しましょう。

Step 19 Excelファイルの読み書き

要点

19.1 Excel について

Excel（Microsoft Excel）は、スプレッドシート・ソフトウェアまたは表計算ソフトと呼ばれるソフトウェアです。表形式で縦横に並んだセルの中に値を表示し、また各セルには関数や計算式などを入力することができます。

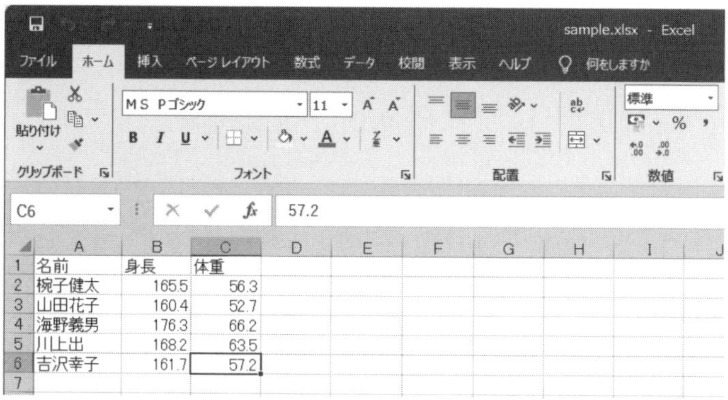

図19.1●Microsoft Excel（部分）

この表をワークシート（work sheet）と呼び、Book と呼ばれるファイルに複数のワークシートを作成して編集することができます。Excel のデータファイルの拡張子は `.xlsx` です。

Excel では、セルの値を計算するだけでなく、さまざまな操作が行うことができますが、Python のプログラムから Excel のファイルを利用することもできます。

Python で Excel のファイルを利用する方法は複数ありますが、本書では `openpyxl` モジュールを使う方法を示します。

`openpyxl` モジュールがインストールされていない場合は、次のコマンドでインストールします。

```
>python -m pip install openpyxl
```

19.2 Excel ファイルからの読み込み

Sheet1 が次の図のような内容であるファイル `sample.xlsx` の Sheet1 のデータを Python のプログラムで取得したいとします。

	A	B	C	D
1	名前	身長	体重	
2	椀子健太	165.5	56.3	
3	山田花子	160.4	52.7	
4	海野義男	176.3	66.2	
5	川上出	168.2	63.5	
6	吉沢幸子	161.7	57.2	
7				

図19.2●sample.xlsxのSheet1

最初に openpyxl モジュールをインポートします。

```
import openpyxl
```

そして、openpyxl.load_workbook() を使って ブックを開きます。

```
wb = openpyxl.load_workbook("sample.xlsx")  # ブックを開く
```

ブックの中のシートは次のコードで取得できます。

```
ws = wb["Sheet1"]
```

セルを取得するには次のようにします。セルの値は value で表されます。

```
c = ws["A1"]                    # A1の
print('A1=', c.value)           # セルの値を取得して表示する
```

これらをまとめると次のようなスクリプトを作ることができます。

リスト● ex19-1.py

```
import openpyxl

wb = openpyxl.load_workbook("sample.xlsx")  # ブックを開く
ws = wb["Sheet1"]                           # シートを取得する
c = ws["A1"]                                # A1のセルを取得する
print('A1=', c.value)                       # セルの値を表示する
c = ws["B2"]                                # B2のセルを取得する
print('B2=', c.value)                       # セルの値を表示する
```

なお、シートはインデックスで指定して取得することもできます。

```
ws = wb.worksheets[0]
```

また、cell() にインデックスを指定してセルを取得することもできます（このときのインデックスは 1 から始まります）。

```
c = ws.cell(1, 1)
```

19.3 Excel ファイルへの書き込み

書き込むときには、openpyxl.Workbook() でブックを作成するか、openpyxl.load_workbook() でブックを開きます。

```
wb = openpyxl.Workbook()                        # ブックを新規作成する
```

または

```
wb = openpyxl.load_workbook("sample.xlsx")  # ブックを開くとき
```

そして、書き込むワークシートを指定します。

```
ws = wb.worksheets[0]
```

セルを指定して値を保存します。

```
ws['A1'] = 123.45
```

save() でファイルに保存します。

```
wb.save('sample1.xlsx')
```

これらをまとめると次のようなスクリプトを作ることができます。

リスト● ex19-2.py

```
import openpyxl

# wb = openpyxl.load_workbook("sample.xlsx")  # ブックを開くとき
wb = openpyxl.Workbook()
ws = wb.worksheets[0]                          # ワークシートを指定する
ws['A1'] = 123.45
wb.save('sample1.xlsx')                        # ファイルに保存する
```

複数のセルに一気に値を保存したいときには、たとえば次のように for 文を使って .cell().value で値を設定します。このコードで、row は行番号、column は列番号を表します。

```
for i in range(1, 21):
    ws.cell(row=i, column=1).value = i * 10
    ws.cell(row=i, column=2).value = 210 - i * 10
```

上のコードを実行するプログラム全体は次のようになります。

リスト● ex19-3.py

```
import openpyxl

wb = openpyxl.Workbook()
ws = wb.worksheets[0]           # ワークシートを指定する
for i in range(1, 21):
    ws.cell(row=i, column=1).value = i * 10
    ws.cell(row=i, column=2).value = 210 - i * 10

wb.save('ex19-3.xlsx')          # ファイルに保存する
```

A 列と B 列に値が入った次の図に示すような Excel ファイルが作成されます。

	A	B	C	D
1	10	200		
2	20	190		
3	30	180		
4	40	170		
5	50	160		
6	60	150		
7	70	140		
8	80	130		

図19.3●ex19-3.xlsxの内容（部分）

ワーク

19-1

sample.xlsx の Sheet1 のデータをすべて表示するプログラムを作成しましょう。

19-2

正規分布に従う 100 個の身長と体重データを含む Excel ファイルを作りましょう。

19-3

sample.xlsx の Sheet1 のデータにデータを追加して wk19-3.xlsx として保存しましょう。

Step 20 Excel データから統計値を求める

要点

20.1 代表値

データを代表する値には、平均値、中央値、最頻値、最小値や最大値などがあります。これらの値を求める方法は、Step 07 と、その後のいくつかのステップで何度も見てきました。

ここでは、sample.xlsx の Sheet1 の身長データを読み込んで、最大値と最小値、平均値を表示するプログラムを作ってみます。

リスト● ex20-1.py

```
import openpyxl
import numpy as np

wb = openpyxl.load_workbook("sample.xlsx")  # ブックを開く
ws = wb["Sheet1"]                             # シートを取得する

data = []                                     # 空のリストを作る
for i in range(2, 6):
    c = ws.cell(i, 2)                         # 身長データのセルを取得する
    data.append(c.value)

print("平均値:", np.mean(data))
print ('最大値=', '{:.1f}'.format(np.max(data)))
print ('最小値=', '{:.1f}'.format(np.min(data)))
```

20.2 散布度

散布度はデータの散らばり具合で、分散や標準偏差などの値があります。これらの値を求める方法についても、Step 06 と、その後のいくつかのステップで何度も見てきました。

ここでは、ワーク 19-2 で作成した身長と体重データを含む Excel ファイルから身長データを読み込んで、平均、分散と標準偏差を表示するプログラムを作ってみます。

リスト● ex20-2.py

```
import openpyxl
import numpy as np
```

```
wb = openpyxl.load_workbook("wk19-2.xlsx")  # ブックを開く
ws = wb["Sheet"]                            # シートを取得する

data = []                                   # 空のリストを作る
for i in range(1, 101):
    c = ws.cell(i, 1)                       # 身長データのセルを取得する
    data.append(c.value)

print("平均値:", np.mean(data))

V = np.var(data)                            # 分散を求める
print ('分散=', '{:.1f}'.format(V))

sygma = np.std(data)                        # データから標準偏差を求める
print ('標準偏差=', '{:.1f}'.format(sygma))
```

実行結果は次のようになります。

```
>python ex20-2.py
平均値: 157.54999999999998
分散= 6.8
標 準 偏差= 2.6
```

データの有効数字が 4 桁（小数点以下 1 桁）であるので、平均値は 157.5 になります。

ワーク

20-1

ワーク 19-2 で作成した身長と体重データを含む Excel ファイルから体重データを読み込んで、平均値、分散と標準偏差を表示するプログラムを作りましょう。

20-2

sample.xlsx の Sheet1 の体重データを読み込んで、平均値、分散と標準偏差を表示するプログラムを作ってみましょう。

Step 21 Excel データからグラフを作成する

要点

21.1 ヒストグラム

Step 19 のワーク 19-3 で身長と体重を追加した Excel ファイル wk19-3.xlsx の身長データからヒストグラムを作成しましょう。

次のようなプログラムを作ります。

リスト● ex21-1.py

```
import matplotlib.pyplot as plt
import openpyxl
import numpy as np

wb = openpyxl.load_workbook("wk19-3.xlsx")  # ブックを開く
ws = wb["Sheet1"]                           # シートを取得する

data = []                                   # 空のリストを作る
for i in range(2, 8):
    c = ws.cell(i, 2)                       # 身長データのセルを取得する
    data.append(c.value)

plt.hist(data)
plt.show()
```

これを実行すると次のようなグラフが描かれます。

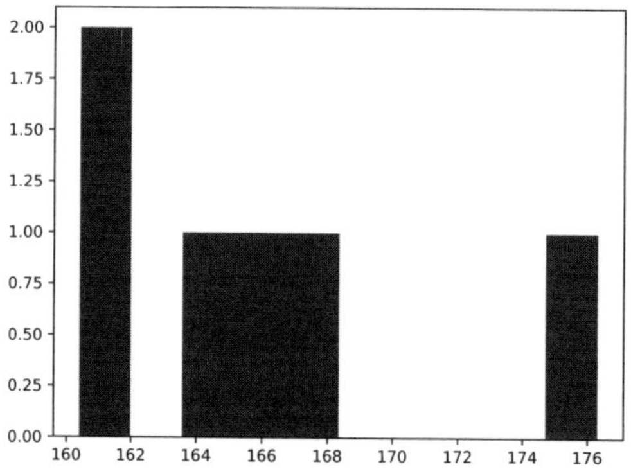

図21.1●身長のヒストグラム

21.2 散布図

Step 19 で使った身長と体重が含まれる Excel ファイル `sample.xlsx` のデータから散布図を作成しましょう。

リスト● ex21-2.py

```
import openpyxl
import numpy as np
import matplotlib.pyplot as plt

wb = openpyxl.load_workbook("sample.xlsx")  # ブックを開く
ws = wb["Sheet1"]                           # シートを取得する
hdata = []                                  # 空のリストを作る
wdata = []                                  # 空のリストを作る
for i in range(2, 6):
    hdata.append(ws.cell(i, 2).value)       # 身長データのセルを取得する
    wdata.append(ws.cell(i, 3).value)       # 体重データのセルを取得する

plt.scatter(hdata, wdata)
plt.show()
```

これを実行すると次のようなグラフが描かれます。

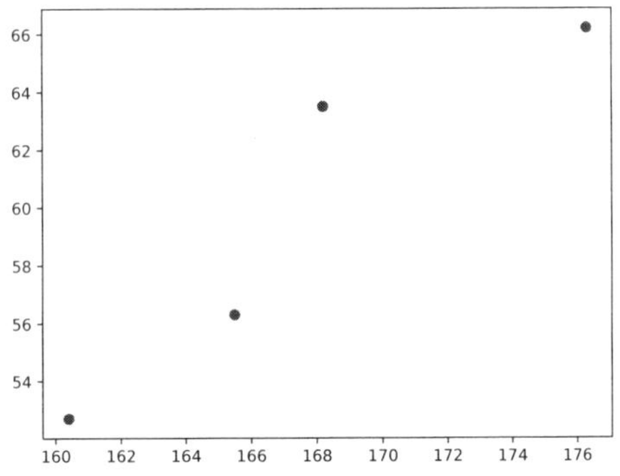

図21.2●身長と体重の散布図

ワーク

21-1

Step 19 で使った身長と体重が含まれる Excel ファイル `sample.xlsx` の体重データからヒストグラム作成しましょう。

21-2

ワーク 19-2 で作成した身長と体重データを含む Excel ファイルから身長と体重のデータを読み込んで、散布図を表示するプログラムを作成しましょう。

Step 22 データベースの基礎

要点

22.1 データベース

データベースは、データを組織的に管理するソフトウェアと一定の構造を持った一連のデータ全体を指します。データベースのデータは、無秩序な情報の集まりではなく、必ず一定の構造として扱うことができる特定の種類のデータであるという点は重要です。

22.2 データベースの構造

データベースは、一般に、テーブル（Table、表）で構成されています。テーブルは、フィールド（カラム、列、項目ともいう）とレコード（行ともいう）で構成されています。つまり、データベースのテーブルは表の形式でデータを保存するものとみなすことができます。

データベースの最小のデータ単位はフィールド（Field）です。複数のフィールドで、1つのレコード（Record）を構成します。レコードは基本的なアクセス単位です。

複数のレコードをまとめたものがテーブル（Table）です（図22.1）。

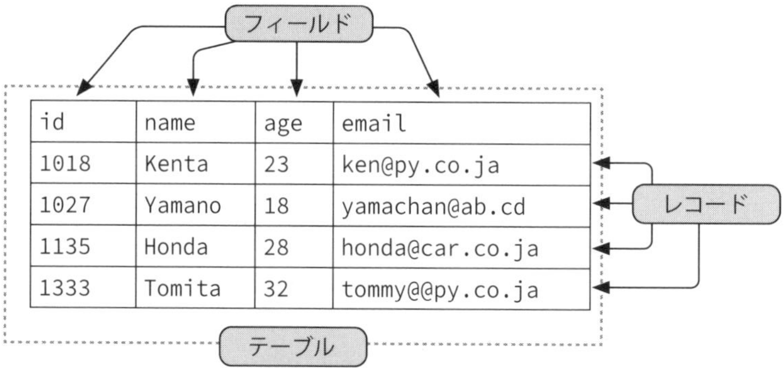

id	name	age	email
1018	Kenta	23	ken@py.co.ja
1027	Yamano	18	yamachan@ab.cd
1135	Honda	28	honda@car.co.ja
1333	Tomita	32	tommy@@py.co.ja

図22.1●データベースのテーブル、レコード、フィールド

一般的には、1つのデータベースには、複数のテーブルを保存することができます。

データベース管理システムは、このような構造をベースにして、レコードやフィールドの検索、並べ替え、再結合などの一連の操作を行うことができるようにします。

データベースには、数値や文字列などを保存することができますが、1つのフィールドの型は一定でなければなりません。たとえば、IDのフィールドを数値で定義したら、IDのフィールドの値はすべて数値でなければなりません。1つのフィールドに数値と文字列のような異なるデータ型を混在させることはできません。たとえば、IDに「A0123」のようなアルファベット文字を含む表現を使いたい場合には、そのIDのフィールドは、文字と数値が混在したフィールドではなく、文字列のフィールドとして定義します。

22.3 カレントレコードとキー

データベースで、現在参照しているレコードをカレントレコード（Current Record）といいます。カレントレコードはデータベースプログラミングで重要な概念です。

データベースで、現在参照しているレコードを指すオブジェクトをカーソル（Cursor）といいます。

つまりカーソルが指している位置のレコードが現在操作の対象としているレコードであり、カーソルを移動することによって操作の対象とするレコードを変更することができます。

データベースの特定のレコードを識別するフィールドデータをキー（Key）といいます。テーブルの中のある1個のレコードを明確に識別するためには、原則として、主キー（プライマリキー、Primary Key）が必要です。主キーはレコードを明確に区別するために使われるので、主キーの値はレコードごとに異なっていなくてはならず、重複してはなりません。

キーとなるデータのフィールドを、キーフィールド（Key Field）といいます。

22.4 SQL

データベースのデータの操作や定義を行うための言語を、データベース問い合わせ言語（DataBase Query Language）といいます。最も普及している問い合わせ言語は、SQL（Structured Query Language）です。SQLはANSI（後にISO）で言語仕様の標準化が行われており、制定された年ごとにSQL86、SQL89、SQL92、SQL99などの規格があります。

SQLでは、データの登録や検索などのためのコマンドは、コマンド文字列で指定します。これをSQL文またはSQLクエリまたはSQLクエリーといいます。

たとえば、次のSQL文（SQLのコマンド）は、4文字（CHAR(4)）の顧客のコード（id）と12文字（CHAR(12)）の顧客の名前（name）があるcustomerというテーブルを作成します。

```
CREATE TABLE customer(id CHAR(4) PRIMARY KEY, name CHAR(12));
```

このテーブルの主キー（PRIMARY KEY）は顧客のコード（id）です。

SQLコマンドは長くなる場合があるため、複数行で記述したり入力できます。そのため、論理的な行の最後を明示するために、論理的な行の最後（SQL文の最後）にセミコロン（;）を付ける場合があります。SQLデータベースの種類によってこれは必須である場合と任意である場合があります。本書で扱うSQLiteでは最後のセミコロンは必須ではありません。

次のコマンドはcustomerというテーブルから、顧客の名前（name）を取り出すSQL文の例です。

```
SELECT name FROM customer;
```

SQLのコマンドは、以下の3種類に分類されます。

- データ定義言語（DDL: Data Definition Language）
- データ操作言語（DML: Data Manipulation Language）
- データ制御言語（DCL: Data Control Language）

データ定義の一般的なコマンドは次のとおりです。なお、データベースオブジェクトとは、データベースのテーブル、インデックス、制約などを指します。

表22.1 ●データ定義のコマンド

コマンド	機能
CREATE	データベースオブジェクトを作成（定義）する
DROP	データベースオブジェクトを削除する
ALTER	データベースオブジェクトを変更する

データ操作の一般的なコマンドは次のとおりです。

表22.2 ●データ操作のコマンド

コマンド	機能
INSERT INTO	行データまたはテーブルデータを挿入する
UPDATE ～ SET	テーブルを更新する
DELETE FROM	テーブルからレコードを削除する
SELECT ～ FROM ～ WHERE	テーブルデータを検索する。結果集合を取り出す

データ制御の一般的なコマンドは次のとおりです。

表22.3 ●データ制御のコマンド

コマンド	機能
GRANT	データベース利用者に特定の作業を行う権限を与える
REVOKE	データベース利用者から権限を剥奪する
SET TRANSACTION	トランザクションモードを設定する
BEGIN	トランザクションを開始する
COMMIT	トランザクションを実施（確定）する
ROLLBACK	トランザクションを取り消す
SAVEPOINT	ロールバック地点を設定する
LOCK	テーブルなどの資源を占有する

データベースによっては、その他にもコマンドが用意されている場合があります。またすべ

てのデータベースがこれらのコマンドをすべて装備しているわけではありません。

22.5 データベースの操作方法

データベースを操作するときには、そのデータベースの管理システムに含まれているプログラムを使いますが、Python を使って SQL クエリを発行することで操作することもできます。

次の例は、Python のプログラムで Member というテーブルにあるデータをすべて取り出して表示するために SQL クエリを発行する例です（Step 23 以降で実際に操作します）。

```
conn = sqlite3.connect("filename.db", isolation_level=None)
c = conn.execute("SELECT * FROM Member")
```

ワーク

22-1

次の中から正しいものを選んでください。

1. データを集めたものをデータベースと呼ぶ。
2. データベースは一定の構造でデータを集めたものである。
3. データベースはファイルに保存できない。
4. データベースには例外なく同じデータを複数保存できる。

22-2

次の中から正しいものを選んでください。

1. キーの値は複数のレコードで重複できる。
2. 現在操作しているレコードをフィールドという。
3. プライマリキーは主キーともいい、レコードを識別することに使うことができる。
4. SQL はホームページを作成するために使う言語である。

Step 23 DBの作成とデータ登録

要点

23.1 データベースの作成

本書ではSQLite3という種類のデータベースを扱います。SQLite3を扱うためにsqlite3モジュールをインポートする必要があります。なお、sqlite3はPythonの標準モジュールなのでインストールしなくても使うことができます。

```
>>> import sqlite3
```

次のように入力することで、データベースファイルaddress.dbを作成することができます。

```
>>> conn=sqlite3.connect("address.db", isolation_level=None)
```

これはSQLiteデータベース管理システムを使ってデータベースファイルaddress.dbに接続するためのコードです。address.dbはまだ存在していないので、自動的に作成されます。このとき、isolation_levelにNoneを指定していますが、これで自動コミットモードになります。これを指定しないと、命令を実行してもコミットする（実際に実施する）ための命令を実行するまで、データベースへの変更は行われません。

このコードが実行されると、（データベースが存在しない場合は）データベースが作成され、データベースへの接続が行われて、変数connに接続を参照するための値が保存されます。接続（connection）を意味するこのconnは後で使います。

23.2 テーブルの作成

データベースのテーブルを作成するには、次のような形式のコードを実行します。

```
conn.execute( "テーブルを作成するためのSQL文" )
```

ここでは次のようなSQL文を使ってVARCHAR（可変長文字列）型の「id」フィールド、VARCHAR型の「name」フィールド、INTEGER型の「age」フィールド、VARCHAR型の「email」フィールドを持つテーブルを作成します。

```
CREATE TABLE Member (
    id VARCHAR(4),
    name VARCHAR(20),
    age INTEGER,
    email VARCHAR(128))
```

VARCHAR(20) の 20 はそのフィールドに保存できるデータの長さ（文字数）を表しています。INTEGER（整数）は長さを指定する必要はないので指定しません。

なお、通常、SQL のコマンドやキーワードは大文字／小文字が区別されませんが、本書では理解しやすいように原則として SQL のコマンドやキーワードは大文字で、その他のシンボルは小文字で表記します。

この「テーブルを作成するための SQL 文」は少し長いです。そこで、次のように sql という名前の変数に文字列としていったん保存しましょう。

```
>>> sql="""
... CREATE TABLE Member (
...   id VARCHAR(4),
...   name VARCHAR(20),
...   age INTEGER,
...   email VARCHAR(128)
... );
... """
```

ここでは複数行の文字列を """ と """ で囲っていることに注目してください。1 行で次のように入力するときは " と " で囲むことができます（あるいは ' と ' で囲みます）。

```
sql="CREATE TABLE Member (id VARCHAR(4), name ... email VARCHAR(128));"
```

そして、conn.execute() を実行します。

```
>>> conn.execute(sql)
<sqlite3.Cursor object at 0x000002231CF242C0>
```

これで、空のテーブルが作成されます。出力される「<sqlite3.Cursor object at 0x000002231CF24240>」はレコードを挿入した後のカーソルの値を表しています（出力される値は環境によって異なります）。

23.3 レコードの登録

テーブルが作成できたら、次にレコード（1 件のデータ）を登録します。

Member テーブルに、id='1018'、name='Kenta'、age=23、'email=ken@py.co.ja'

であるレコードを登録（正確には挿入）する SQL 文は次のとおりです。

```
INSERT INTO Member VALUES ('1018','Kenta',23,'ken@py.co.ja')
```

これをたとえば次のように変数 sql に設定して次のように実行することができます。

```
>>> sql = "INSERT INTO Member VALUES ('1018','Kenta',23,'ken@py.co.ja')"
>>> conn.execute(sql)
<sqlite3.Cursor object at 0x000002231CF24240>
```

同様に 2 番目以降のレコードを追加します。

```
sql="INSERT INTO Member VALUES ('1027','Yamano',18,'yamachan@ab.cd')"
conn.execute(sql)
sql="INSERT INTO Member VALUES ('1135','Honda',28,'honda@car.co.ja')"
conn.execute(sql)
        ⋮
```

最後に conn.close() でデータベースを閉じます。

データベースと Member テーブルを新規作成してデータを登録するコードを 1 つのスクリプトとしてまとめると、次のようになります（テーブルやレコードがすでに存在する場合はエラーになります）。

リスト● ex23-1.py

```
import sqlite3

# データベースを作成する
conn=sqlite3.connect("address.db", isolation_level=None)

# テーブルを作成する
sql="""
CREATE TABLE Member (
  id VARCHAR(4),
  name VARCHAR(20),
  age INTEGER,
  email VARCHAR(128)
);
"""
conn.execute(sql)   # SQLを実行する

sql = "INSERT INTO Member VALUES ('1018','Kenta',23,'ken@py.co.ja')"
conn.execute(sql)
sql="INSERT INTO Member VALUES ('1027','Yamano',18,'yamachan@ab.cd')"
conn.execute(sql)
sql="INSERT INTO Member VALUES ('1135','Honda',28,'honda@car.co.ja')"
```

```
conn.execute(sql)
sql="INSERT INTO Member VALUES ('1333','Tomita',32,'tommy@@py.co.ja')"
conn.execute(sql)

conn.close()          #データベースを閉じる
```

execute() で SQL コマンドをあらかじめ実行するようにしておいて、コマンドの実行結果をデータベースに反映させる（コミットする）ときには、commit() を使います。

次の例は、データベースへの接続時に isolation_level=None を指定しないで、自動コミットしないように設定し、conn.commit() で変更をコミットする例です。

```
conn = sqlite3.connect("filename.db")   # データベースに接続する
sql = "INSERT INTO Staff VALUES ('椀子犬太',21,'販売')"
conn.execute(sql)
conn.commit()
```

ワーク

23-1

次の表のデータをデータベースファイル wk23-1.db に保存しましょう。

id	name	height	weight
A0010	Jimmy	165	55
A0021	Kenta	171	66
B0011	Kelly	164	55
B0012	Taro	168	62
B0023	Sally	160	51

23-2

正規分布に従う 100 個の身長と体重データおよび ID を含むデータベースファイル wk23-2.db を作りましょう。

Step 24

DB のデータの検索

要点

24.1 すべてのレコードの取得

データベースに保存されたレコードを確認するために、データベースからレコードを取得してみます。

レコードを取得するためには、データベースを開いてカーソルの値を取得します。

```
>>> import sqlite3
>>> conn = sqlite3.connect("address.db", isolation_level=None)
>>> c = conn.cursor()
```

これでカーソルが変数 c に保存されます。

Member テーブルのすべてのレコードのすべてのフィールド（列）を取得するには、次のような SQL 文を実行します。

```
SELECT * FROM Member
```

Python のプログラムコードとして実行するときには次のようにします。

```
>>> c.execute("SELECT * FROM Member")
<sqlite3.Cursor object at 0x00000195240844C0>
```

取得したレコードは c が指す場所に保存されています。次のようにすればデータを表示することができます。

```
>>> for row in c:
...     print(row)
...
('1018', 'Kenta', 23, 'ken@py.co.ja')
('1027', 'Yamano', 18, 'yamachan@ab.cd')
('1135', 'Honda', 28, 'honda@car.co.ja')
('1333', 'Tomita', 32, 'tommy@@py.co.ja')
```

データだけを出力したいなら、次のようにします。

```
>>> for row in c:
...     print(row[0], row[1], row[2], row[3])
...
1018 Kenta 23 ken@py.co.ja
1027 Yamano 18 yamachan@ab.cd
    ⋮
```

24.2 データの検索

特定の条件のレコードだけ取り出したい場合は、WHERE 句に条件式を指定します。たとえば、身長（height）が 161 を超えるレコードだけを取り出したい場合は、次の SQL 文を使います。

```
"SELECT * FROM Member WHERE 161<height"
```

複数の条件を指定することもできます。たとえば、身長が 161 を超え、かつ、身長が 168 未満のレコードだけを取り出したい場合は、次の SQL 文を使います。

```
"SELECT * FROM Member WHERE 161<height AND height<168"
```

ワーク 23-2 で作成したデータベースファイル wk23-2.db から、身長が 161 を超え、かつ、身長が 168 未満のレコードだけを取り出して表示するプログラムは次のようになります。

リスト● ex24-1.py

```
import sqlite3

conn = sqlite3.connect("wk23-2.db", isolation_level=None)
c = conn.cursor()
c.execute("SELECT * FROM Member WHERE 161<height AND height<168")

for row in c:
    print(row)

conn.close()
```

ワーク

24-1

Step 21 で作成した `address.db` から、E メールアドレスだけを取り出しましょう。

24-2

ワーク 23-2 で作成したデータベースファイル `wk23-2.db` から、身長が 161 を超え、かつ、体重が 60 未満のレコードだけを取り出して表示するプログラムを作成しましょう。

Step 25

DBのデータ操作

要点

25.1　レコードの登録

「23.3 レコードの登録」でやったように、レコードを登録するには INSERT　INTO 文を使います。書式は次のとおりです。

```
INSERT INTO table VALUES (value1, value2,,,)
```

ここで、table はレコードを登録するテーブル名、value1 や value2 はテーブルのフィールドに保存する具体的なデータを指定します。

たとえば、名前、年齢、担当部門のフィールドがある次のような Staff テーブルを定義するものとします。

```
CREATE TABLE Staff (
    name VARCHAR(20),
    age INTEGER,
    section VARCHAR(48)
);
```

次のコードを実行することでデータを登録できます。

```
conn.execute("INSERT INTO Staff VALUES ('山野健太',25,'販売')")
```

または、SQL 文だけ分離した次のコードでもかまいません。

```
sql=" INSERT INTO Staff VALUES ('山野健太',25,'販売')"
conn.execute(sql)
```

これで Staff テーブルに、'山野健太',25,'販売' というデータが登録されます。

レコードの特定のフィールドだけに値を指定して登録するには INSERT　INTO コマンドでテーブルのフィールドを指定します。書式は次のとおりです。

```
INSERT INTO table(field1, field2,,,) VALUES (value1, value2,,,)
```

これで field1 には value1 が保存され、field2 には value2 の値が保存されます。たとえば、次のようなコードを使って Member テーブルにレコードを登録できます。

```
sql="INSERT INTO Member(id,name,email) VALUES ('1011','Yamaha','yamaha@py.co.ja')"
conn.execute(sql)
```

25.2 複数のレコードの登録

executemany() を使って複数の SQL 文を一括して実行できます。このとき、executemany() の最初の引数にプレースホルダ「?」を使った SQL 文を指定し、第 2 の引数にリストを指定します。

```
sql="INSERT INTO Staff VALUES (?, ?, ?)"
data= [("坂田浩二", 27, "販売"), ("小森浩子", 25, "販売")]
conn.executemany(sql, data)
```

プレースホルダ「?」には、実行時に第 2 の引数の具体的な値が当てはめられます（バインドされます）。つまり、上の 2 行は次のように展開されます。

```
sql='INSERT INTO Staff VALUES ("坂田浩二", 27, "販売")'
conn.execute(sql)
sql='INSERT INTO Staff VALUES  ("小森浩子", 25, "販売")'
conn.execute(sql)
```

次の例は、Staff テーブルに 2 個のレコードを追加する例です。

```
sql = "INSERT INTO Staff VALUES (?, ?, ?)"
data = [("坂田浩二", 27, "販売"), ("小森浩子", 25, "販売")]
conn.executemany(sql, data)
```

なお、execute() で 1 つの SQL 文を実行する際にもプレースホルダを使うことができます。

```
sql = "INSERT INTO Staff VALUES (?, ?, ?)"
conn.execute(sql, ("新沼太郎", 21, "仕入れ"))
conn.execute(sql, ("赤城小次郎", 22, "経理"))
```

25.3　レコードの削除

レコードの削除には DELETE コマンドを使い、WHERE 句に削除するデータを指定します。書式は次のとおりです。

```
DELETE FROM table WHERE expr
```

ここで、table はデータを削除するテーブル名、expr は削除するデータの条件式です。次の例は Staff テーブルから name が "小森浩子" であるレコードを削除する SQL 文です。

```
DELETE FROM Staff WHERE name='小森浩子'
```

実行する Python のコードは次のようになります。

```
conn.execute("DELETE FROM Staff WHERE name='小森浩子' ")
```

SQL 文を "～" で囲っているので、その中の小森浩子は '～' で囲っていることに注意してください。文字列の中に文字列を埋め込むときにはこのように「"」と「'」を使う必要があります（外側を '～' で囲って、内側を "～" で囲ってもかまいません）。

expr に複数のレコードが一致する条件を指定すれば、条件が一致するすべてのレコードを一気に削除できます。次の例は、section（部門）が '販売' であるレコードをすべて削除します。

```
sql="DELETE FROM Staff WHERE section='販売'"
conn.execute(sql)
```

25.4　レコードの更新と挿入

レコードのデータを変更するときには、UPDATE コマンドで SET に続けて変更したい内容を指定します。SQL 文の書式は次のとおりです。

```
UPDATE table SET expr1 WHERE expr2
```

ここで、table は更新するデータが含まれているテーブル名、expr1 は更新後のデータの条件式、expr2 は更新するデータの条件式です。

次の例は山野健太の section（部門）を「仕入れ」に更新する SQL 文です。

```
UPDATE Staff SET section ='仕入れ' WHERE name='山野健太'
```

REPLACEコマンドを使って、レコードの主キー以外の複数のデータを変更したり、新しいデータを挿入することができます。この方法で変更するときには、テーブルを作成するときにキーワードPRIMARY KEYを使って主キーを指定する必要があります。

```
# テーブルを作成する。フィールドは、name  age  section
sql="""
CREATE TABLE Staff (
  name VARCHAR(20) PRIMARY KEY,
  age INTEGER,
  section VARCHAR(48)
);
"""
```

次の例はname='花尾翔'のレコードを、age='37'、section='販売'というレコードに更新するSQL文です。

```
"REPLACE INTO Staff(name, age, section) VALUES('花尾翔','37','販売') "
```

主キーnameの値が'花尾翔'のレコードが存在していればage（年齢）とsection（部門）が変更されます。

テーブルに主キーが設定されていないか、name='花尾翔'のレコードが存在していなければ新しいレコードとして追加されます。

ワーク

25-1

データベースファイルShop.dbを定義してStaffテーブルを作成し、レコードを追加してください。

25-2

データベースファイルShop.dbから、section（部門）が'管理'のレコードを削除してください。

Step 26 DB のデータから統計値を求める

要点

26.1 代表値

データを代表する値には、平均値、中央値、最頻値、最小値や最大値などがあります。これらの値を求める方法は、Step 07 と、その後のいくつかのステップで何度も見てきました。

ここでは、Step 23 で作成した address.db の Member のデータを読み込んで、年齢の最大値と最小値、平均値を表示するプログラムを作ってみます。

最初にデータベースに接続します。

```
conn = sqlite3.connect("address.db", isolation_level=None)
```

そして SQL の SELECT 文ですべてのデータを取得し、データのうち、年齢の値をリストに保存します。

```
c = conn.cursor()
c.execute("SELECT * FROM Member")
data = []    # 空のリストを作る
for row in c:
    data.append(row[2])
```

そして、最大値と最小値、平均値を表示します。

```
print("平均値:", np.mean(data))
print ('最大値=', '{:.1f}'.format(np.max(data)))
print ('最小値=', '{:.1f}'.format(np.min(data)))
```

プログラム全体は次のようになります。

リスト● ex26-1.py

```
import numpy as np
import sqlite3

conn = sqlite3.connect("address.db", isolation_level=None)
c = conn.cursor()
c.execute("SELECT * FROM Member")
```

```
data = []    # 空のリストを作る
for row in c:
    data.append(row[2])

conn.close()
print("平均値:", np.mean(data))
print ('最大値=', '{:.1f}'.format(np.max(data)))
print ('最小値=', '{:.1f}'.format(np.min(data)))
```

26.2 散布度

散布度はデータの散らばり具合で、分散や標準偏差などの値があります。これらの値を求める方法についても、Step 07 と、その後のいくつかのステップで何度も見てきました。

ここでは、Step 21 で作成した address.db の Member のデータを読み込んで、分散と標準偏差を表示するプログラムを作ってみます。

リスト● ex26-2.py

```
import numpy as np
import sqlite3

conn = sqlite3.connect("address.db", isolation_level=None)
c = conn.cursor()
c.execute("SELECT * FROM Member")

data = []                          # 空のリストを作る
for row in c:
    data.append(row[2])            # 年齢を取得する

conn.close()

V = np.var(data)                   # 分散を求める
print ('分散=', '{:.1f}'.format(V))
sygma = np.std(data)               # データから標準偏差を求める
print ('標準偏差=', '{:.1f}'.format(sygma))
```

ワーク

26-1

ワーク 23-2 で作成した身長と体重データを含むファイル `wk23-2.db` から体重データを読み込んで、平均値、分散と標準偏差を表示するプログラムを作りましょう。

26-2

ワーク 23-2 で作成した身長と体重データを含むファイル `wk23-2.db` から身長データを読み込んで、身長が 155 cm 以上で 175 cm 以下の人の平均値、分散と標準偏差を表示するプログラムを作りましょう。

Step 27 DBのデータからグラフを作成する

要点

27.1 ヒストグラム

Step 23で作成したaddress.dbデータベースのMemberテーブルの年齢データからヒストグラムを作成しましょう。ヒストグラムの作成についてはStep 05で説明しました。データベースのデータを利用するには次のようなプログラムを作ります。

リスト● ex27-1.py

```
import matplotlib.pyplot as plt
import numpy as np
import sqlite3

conn=sqlite3.connect("address.db", isolation_level=None)
c = conn.cursor()
c.execute("SELECT * FROM Member")
data = []                          # 空のリストを作る
for row in c:
    data.append(row[2])            # 年齢を取得する

conn.close()

plt.hist(data, rwidth=0.8)
plt.show()
```

描かれたグラフと用いたデータの内容を確認してみてください。

27.2 散布図

ワーク23-2で作った身長と体重が含まれるファイルwk23-2.dbのデータから散布図を作成しましょう。

リスト● ex27-2.py

```
import matplotlib.pyplot as plt
import numpy as np
import sqlite3

conn=sqlite3.connect("wk23-2.db", isolation_level=None)
```

```
c = conn.cursor()
c.execute("SELECT * FROM Member")
hdata = []                  # 空のリストを作る
wdata = []                  # 空のリストを作る
for row in c:
    hdata.append(row[1])    # 身長を取得する
    wdata.append(row[2])    # 体重を取得する

conn.close()

plt.scatter(hdata, wdata)
plt.show()
```

どのようなデータを利用するにしても、そのデータの内容と、グラフを描画するメソッドが受け取るデータの形式を調べ、それらを正しく繋ぐようなプログラムを作ることになります。

ワーク

27-1

ワーク 23-2 で作った身長と体重が含まれるファイル wk23-2.db の体重データからヒストグラムを作成しましょう。

27-2

ワーク 23-2 で作った身長と体重が含まれるファイル wk23-2.db の身長と体重データから、身長が 155 cm 以上の人の身長と体重の散布図を作成しましょう。

Step 28 CSVデータの変換

要点

28.1 Excelファイルへの変換

CSVデータをExcelファイルに変換するには、CSVデータを読み込んで、Excelファイルに保存します。

CSVファイルからの入力には、csv.reader()を使うことができます。

```
import csv

with open('filename.csv') as f:
    r = csv.reader(f)
    for row in r:
        print(row)
```

Excelファイルを作成して書き込むには、openpyxl.Workbook()でブックを作成します。

```
wb = openpyxl.Workbook()        # ブックを新規作成する
```

そして、書き込むワークシートを指定し、セルを指定して値を保存します。

```
ws = wb.worksheets[0]
ws['A1'] = 123.45
```

最後にsave()でファイルに保存します。

```
wb.save('sample1.xlsx')
```

Step 16で作成したex16-1.csvから身長データを読み込んで、Excelファイルに書き込むプログラムは次のようになります。

リスト● ex28-1.py

```
import csv
import openpyxl

wb = openpyxl.Workbook()        # ブックを新規作成する
```

```
ws = wb.worksheets[0]
i = 1
with open('ex16-1.csv') as f:
    r = csv.reader(f)
    for row in r:
        if len(row) > 0:
            for v in row:
                ws.cell(row=i, column=1).value = v
                i = i + 1

wb.save('ex16-1.xlsx')          # ファイルに保存する
```

28.2 データベースファイルへの変換

CSV データをデータベースファイルに変換するには、CSV データを読み込んで、データベースを定義してテーブルに保存します。

ここでは、ex16-1.csv に保存されている身長のデータをデータベースファイルに変換するコードを考えてみます。

CSV ファイルからの入力の方法は、「28.1 Excel ファイルへの変換」と同じです。

データベースファイルを作成して書き込むには、最初にデータベースを作成します。

```
conn=sqlite3.connect("ex16-1.db", isolation_level=None)
```

さらに、テーブルを作成します。実数を保存する場合、データ型は REAL にします。

```
sql="CREATE TABLE HData (id VARCHAR(4), height REAL);"
conn.execute(sql)   # SQLを実行する
```

ここでは、ex16-1.csv に保存されている身長のデータを CSV ファイルから取得してデータベースファイルに変換するものとします。しかし、身長だけをデータベースファイルに保存しようとした場合、同じ身長のレコードができてしまいます。レコードは異なるキーを持たせなければなりません。そこで、101 から始まる文字列を id として使うことにします。この id はレコードごとの異なるキーとして機能します。

ここでは、取得したデータは、id と身長という 2 つの値を持つタプル（tuple）としてリストに保存することにします。

```
data = []                       # 空のリストを作る
for row in r:
    for v in row:
        tv = (str(100+i), v)    # タプルにする
        data.append(tv)         # リストに保存する
```

そして、まとめてデータベースに登録します。

```
sql="INSERT INTO HData VALUES (?, ?)"
conn.executemany(sql, data)
```

ex16-1.csvをデータベースファイルex16-1.dbに変換するプログラム全体は次のようになります。

リスト● ex28-2.py

```
import sys
import csv
import sqlite3

# データベースを作成する
conn=sqlite3.connect("ex16-1.db", isolation_level=None)

# テーブルを作成する
sql="CREATE TABLE HData (id VARCHAR(4), height REAL);"
conn.execute(sql)        # SQLを実行する

i = 1
data = []                # 空のリストを作る
f = open('ex16-1.csv')
r = csv.reader(f)
for row in r:
    if len(row) < 1:
        break
    for v in row:
        tv = (str(100+i), v)
        data.append(tv)
        i = i + 1

sql="INSERT INTO HData VALUES (?, ?)"
conn.executemany(sql, data)

f.close()                # CSVファイルを閉じる
conn.close()             # データベースを閉じる
```

念のため、次のコードでデータベースにデータが保存されているかどうか調べましょう。

リスト● ex28-3.py

```
import sqlite3
conn = sqlite3.connect("ex16-1.db", isolation_level=None)
c = conn.cursor()
c.execute("SELECT * FROM HData")
for row in c:
```

```
    print(row)

conn.close()    # データベースを閉じる
```

ワーク

28-1

プログラム ex28-1.py はインデントが深いので、あまりインデントしないコードに書き換えてみましょう。

28-2

ワーク 16-2 で作成した正規分布に従う 100 個の身長と体重データを含む CSV ファイルを、データベースファイルに変換するプログラムを作成しましょう。

Step 29 Excelデータの変換

要点

29.1 CSVファイルへの変換

Excelファイルのデータを CSVファイルに変換するには、Excelファイルのデータを読み込んで、CSVファイルに保存します。

Excelファイルからデータを取得するには、openpyxl.load_workbook() でブックを開いてから、シートとセルを指定して値を取得します。

```
wb = openpyxl.load_workbook("sample.xlsx")  # ブックを開く
ws = wb.worksheets[0]
c = ws["A1"]                  # A1のセルを取得する
# または
# c = ws.cell(1, 1)           # A1のセルを取得する
print('A1=', c.value)         # セルの値を表示する
```

sample.xlsx の内容は次のとおりでした。

	A	B	C	D
1	名前	身長	体重	
2	椀子健太	165.5	56.3	
3	山田花子	160.4	52.7	
4	海野義男	176.3	66.2	
5	川上出	168.2	63.5	
6	吉沢幸子	161.7	57.2	

図29.1●sample.xlsxの内容

この値をすべて取得するには、次のようにして、A列からC列までの各行の値を取得します。

```
for i in range(1, 7):
    ca = ws.cell(i, 1)        # A列のセルを取得する
    cb = ws.cell(i, 2)        # B列のセルを取得する
    cc = ws.cell(i, 3)        # C列のセルを取得する
```

そして、2次元のリスト data に保存しておきます。

```
    data.append([ca.value, cb.value, cc.value])
```

CSVファイルに書き込むためには、ファイル名を指定してファイルをオープンします。この

とき日本語が含まれるファイルを扱うのなら encoding='utf-8' を指定し、Windows などで改行が重複して書き込まれないようにしたいときには newline='' も指定します。

```
f = open('ex29-1.csv', 'w', encoding='utf-8', newline='')
```

そして、csv.writer() を呼び出して CSV を書き込むための writer を作成します。

```
writer = csv.writer(f)
```

writer.writerows() を使うと二次元配列（リストのリスト）である data をまとめて書き込むことができます。

```
writer.writerows(data)
```

Excel ファイル sample.xlsx を CSV ファイルに変換するプログラム全体は次のようになります。

リスト● ex29-1.py

```
import openpyxl
import csv

wb = openpyxl.load_workbook("sample.xlsx")  # ブックを開く
ws = wb.worksheets[0]                       # シートを取得する
data = []
for i in range(1, 7):
    ca = ws.cell(i, 1)      # A列のセルを取得する
    cb = ws.cell(i, 2)      # B列のセルを取得する
    cc = ws.cell(i, 3)      # C列のセルを取得する
    data.append([ca.value, cb.value, cc.value])

f = open('ex29-1.csv', 'w', encoding='utf-8', newline='')
writer = csv.writer(f)
writer.writerows(data)
wb.close()
f.close()
```

29.2 データベースファイルへの変換

Excel ファイルのデータをデータベースファイルに変換するには、Excel ファイルのデータを読み込んで、データベースを作成してテーブルを定義してからデータベースに保存します。

Excel ファイルからデータを取得する方法は「29.1 CSV ファイルへの変換」と同じです。

データベースファイルを作成して書き込むには、最初にデータベースを作成します。

```
conn=sqlite3.connect("ex29-1.db", isolation_level=None)
```

さらに、テーブルを作成します。sample.xlsx を変換するなら、たとえば次のようにします。

```
sql="CREATE TABLE HWData (name VARCHAR(28), height REAL, weight REAL);"
conn.execute(sql)   # SQLを実行する
```

そして、conn.executemany() で data の中のデータを一気に書き込みます。

```
sql="INSERT INTO HWData VALUES (?, ?, ?)"
conn.executemany(sql, data)
```

プログラム全体は次のようになります。

リスト● ex29-2.py

```
import openpyxl
import sqlite3

wb = openpyxl.load_workbook("sample.xlsx")  # ブックを開く
ws = wb.worksheets[0]                       # シートを取得する
data = []
for i in range(1, 7):
    ca = ws.cell(i, 1)      # A列のセルを取得する
    cb = ws.cell(i, 2)      # B列のセルを取得する
    cc = ws.cell(i, 3)      # C列のセルを取得する
    data.append([ca.value, cb.value, cc.value])

wb.close()          # ブックを閉じる

# データベースを作成する
conn=sqlite3.connect("ex29-1.db", isolation_level=None)

# テーブルを作成する
sql="CREATE TABLE HWData (name VARCHAR(28), height REAL, weight REAL);"
conn.execute(sql)   # SQLを実行する

sql="INSERT INTO HWData VALUES (?, ?, ?)"
conn.executemany(sql, data)

conn.close()        # データベースを閉じる
```

念のため、次のコードでデータベースにデータが保存されているかどうか調べましょう。

リスト● ex29-3.py

```
import sqlite3
conn = sqlite3.connect("ex29-1.db", isolation_level=None)
c = conn.cursor()
c.execute("SELECT * FROM HWData")
for row in c:
    print(row)

conn.close()    # データベースを閉じる
```

ワーク

29-1

ワーク 19-2 で作成した Excel ファイル wk19-2.xlsx のデータを CSV ファイルに変換するプログラムを作りましょう。

29-2

ワーク 19-2 で作成した Excel ファイル wk19-2.xlsx のデータをデータベースファイルに変換するプログラムを作りましょう。

Step

30 データベースの変換

要点

30.1 CSV ファイルへの変換

データベースファイルのデータを CSV ファイルに変換するには、データベースのデータを読み込んで、CSV ファイルに保存します。

ここでは、ex28-2.py で作成したデータベースファイル ex16-1.db を CSV ファイルに変換するコードを考えてみます。

ex16-1.db を読み込むコードは次のようなものでした。

```
import sqlite3
conn = sqlite3.connect("ex16-1.db", isolation_level=None)
c = conn.cursor()
c.execute("SELECT * FROM HData")
for row in c:
    row          # 身長と体重のデータが入っている
```

CSV ファイルに書き込む方法は Step 29「Excel データの変換」の「29.1 CSV ファイルへの変換」と同じです。

```
f = open('ex30-1.csv', 'w', encoding='utf-8', newline='')
writer = csv.writer(f)
writer.writerows(data)
```

プログラム全体は次のようになります。

リスト● ex30-1.py

```
import csv
import sqlite3

conn = sqlite3.connect("ex16-1.db", isolation_level=None)
c = conn.cursor()
c.execute("SELECT * FROM HData")
data = []
for row in c:
    data.append(row)
```

```
conn.close()     # データベースを閉じる


f = open('ex30-1.csv', 'w', encoding='utf-8', newline='')
writer = csv.writer(f)
writer.writerows(data)
f.close()
```

30.2 Excel ファイルへの変換

データベースのデータを Excel ファイルに変換するには、データベースのデータを読み込んで、Excel ファイルに保存します。

データベースからの読み込みは、次のコードのようなすべてのデータを読み込むコードで実行することができます。

```
conn = sqlite3.connect("ex16-1.db", isolation_level=None)
c = conn.cursor()
c.execute("SELECT * FROM HData")
data = []
for row in c:
    data.append(row)
```

Excel ファイルに保存する方法は、Step 28「CSV ファイルの変換」の「28.1 Excel ファイルへの変換」と同じ方法を使うことができます。

プログラム全体は次のようになります。

リスト● ex30-2.py

```
import csv
import openpyxl

conn = sqlite3.connect("ex16-1.db", isolation_level=None)
c = conn.cursor()
c.execute("SELECT * FROM HData")
data = []
for row in c:
    data.append(row)

conn.close()                    # データベースを閉じる

wb = openpyxl.Workbook()        # ブックを新規作成する
ws = wb.worksheets[0]
i = 1
for rec in data:
    ws.cell(row=i, column=1).value = int(rec[0])
```

```
    ws.cell(row=i, column=2).value = float(rec[1])
    i = i +1

wb.save('ex30-2.xlsx')          # ファイルに保存する
wb.close()
```

ワーク

30-1

ワーク 23-1 で作成したデータベースファイル wk23-1.db のデータを CSV ファイルに変換するプログラムを作りましょう。

30-2

ワーク 23-1 で作成したデータベースファイル wk23-1.db のデータを CSV ファイルに変換するプログラムを作りましょう。

付録A モジュールのインストール

Pythonの組み込みモジュール以外のモジュールは、個別にインストールする必要があります。

A.1 モジュールのインストール

外部モジュールは、すでにインストールされていない場合、インポートする前に次のコマンドでインストールします。

```
>python -m pip install module
```

たとえば、Numpyモジュールは外部モジュールなので次のようにしてインストールします。

```
>python -m pip install numpy
```

A.2 モジュールのアップグレード

必要に応じて次のコマンドでモジュールをアップグレードします。

```
>python -m pip install --upgrade module
```

このとき、たとえば、「A new release of pip is available」というメッセージが表示された場合は、次のコマンドでpipモジュールをアップグレードします。

```
>python -m pip install --upgrade pip
```

また、たとえばnumpyモジュールが古い場合は次のコマンドでモジュールをアップグレードします。

```
>python -m pip install --upgrade numpy
```

付録B トラブル対策

ここでは、よくあるトラブルとその対策を概説します。

B.1 Python の起動

Python を起動するために発生することがあるトラブルとその対策は次のとおりです。

■ Python が起動しない

- システムに Python をインストールする必要があります。
- もっとも一般的なコマンドの名前はすべて小文字の python です。しかし、コマンドの名前は、python 以外に、python3、python3.11（または python3.*x*）、bpython、bpython3 などである場合があります。
- Python が存在するディレクトリ（フォルダ）にパスが通っていないと Python が起動しません。パスを通すという意味は、環境変数 PATH に Python の実行可能ファイルがあるディレクトリを含めるということです（Windows のインストーラーでインストールした場合は正しく設定されているはずです）。

Python が起動するかどうかは、Python のコマンド名に引数 -V を付けて実行し、バージョンが表示されるかどうかで調べることができます。

```
$ python -V
Python 3.11.3
```

B.2 Python 実行時のトラブル

Python のインタラクティブシェルを起動してコードを実行しようとしたときや、Python でスクリプトファイル（.py ファイル）を実行する際に発生することがあるトラブルとその対策は次のとおりです。

■ 認識できないコードページであるという次のようなメッセージが表示される

```
Fatal Python error: Py_Initialize: can't initialize sys standard streams
LookupError: unknown encoding: cp65001
```

```
This application has requested the Runtime to terminate it in an unusual way.
Please contact the application's support team for more information.
```

- Windows のコマンドプロンプトの場合、コードページ 65001 の UTF-8 か、コードページ 932 のシフト JIS に設定されているでしょう。chcp コマンドを使ってコードページを変更してください。コードページを 932 に変更するには、OS のコマンドプロンプトに対して「chcp 932」と入力します。
- Windows の種類によっては、コードページが 932 の cmd.exe（C:\Windows\System32\cmd.exe）のコマンドプロンプトから実行すると、この問題を解決できる場合があります。

■「No module named *xxx*」が表示される

- Python のバージョンをより新しいバージョンに更新してください。
- モジュールが検索できないか、インストールされていません。必要なモジュールをインストールしてください。なお、Python に組み込まれているモジュールがインポートできない場合は、可能な限り最新の Python をインストールすることをお勧めします。
- 見つからないと報告されているモジュールを、実行するプログラム（スクリプト）と同じフォルダ（ディレクトリ）にコピーしてください。

■「IndentationError: unexpected indent」が表示される

- インデントが正しくないとこのメッセージが表示されます。
  （C/C++ や Java など多くの他のプログラミング言語とは違って）Python ではインデントが意味を持ちます。前の文より右にインデントした文は、前の文の内側に入ることを意味します。
  単純に式や関数などを実行するときにその式や関数名の前に空白を入れるとエラーになります。
- インデントすべきでない最初の行の先頭に空白を入れると、このメッセージが表示されます。

■「SyntaxError」が表示される

- プログラムコード（文）に何らかの間違いがあります。コードをよく見て正しいコードに修正してください。
- Python 3.x では関数呼び出しを（　）で囲みますが、Python 2.x では（　）で囲みません。たとえば、Python 3.x では「print (x)」、Python 2.x では「print x」です。
- 「SyntaxError: invalid non-printable character U+3000」が表示される場合は、スペースに日本語の空白（マルチバイトのスペース）を使っていないか調べてください。

■「NameError: name '*xxx*' is not defined」が表示される

- 定義していない名前 xxx を使っています。タイプミスがないか調べてください。
  インポートすべきモジュールを読み込んでいないときにもこのエラーが表示されます。たとえば、`sqlite3` をインポートしていないのに使おうとすると、「NameError: name 'sqlite3' is not defined」が表示されます。

■「AttributeError: '*xxx*' object has no attribute '*yyy*'」が表示される

- xxx というオブジェクトの属性（またはメソッド）*yyy* が存在しません。名前を間違えていないか、あるいはタイプミスがないか調べてください。

■「(null): can't open file '*xxx*.py': [Errno 2] No such file or directory」が表示される

- Python のスクリプトファイル *xxx*.py がないか、別のフォルダ（ディレクトリ）にあります。OS の cd コマンドを使ってカレントディレクトリを Python のスクリプトファイル *xxx*.py がある場所に移動するか、あるいは、ファイル名の前にスクリプトファイルのパスを指定してください。

■「SyntaxError: Missing parentheses in call to '*xxx*'.」が表示される

- Python 3.0 以降は、関数の呼び出しに（　）が必要です。たとえば、「`print('Hello')`」とする必要があります。Python 2.x では「`print 'Hello'`」で動作しましたが、これは古い書き方であり、Python 3.0 以降では使えません。古い書籍や資料、Web サイト、サンプルプログラムなどを参考にする場合には対象としている Python のバージョンに注意する必要があります。

■「UnicodeDecodeError」が表示される

日本語など ASCII 文字以外の Unicode 文字を使う場合は、Encoding を指定する必要があります。

たとえば、日本語を含む UTF-8 の CSV ファイルがあって、そのファイルの内容を読み込んで内容を表示するときの `open()` は次のようなコードにします。

```
f = open(filename, encoding='utf-8')
```

■本書の記述どおりにコードを打ち込んでもエラーになる

- 例として掲載した断片的なコードをやみくもに入力しても動作しません。たとえば、あるコードを実行するためには、モジュールをインポートしたり、システムの状況に応じてデータベースを準備したり、データベースに接続したりする必要があります。必ずそれまでの説明を良く理解してから、必要な準備を行ったうえでコードを実行してください。

■ 円グラフが真円にならない

- ディスプレイ、プリンタ、その他の出力デバイスの縦横比が 1:1 ではない場合、円グラフは楕円になります。

B.3 データベースのトラブル

データベースの操作や SQL コマンドを実行する際に発生することがあるトラブルとその対策は次のとおりです。

■ データベースを作成したり開いたりできない

- 存在しないファイルを開くことはできません。ファイル名やパス名が間違っていないか調べてください。
- SQLite のバージョン 3.0.8 より前では、`isolation_level` を明示的に指定できないので、`isolation_level` の指定を行わずに「`conn=sqlite3.connect("address.db")`」を実行します。

■ *xxx* not exist というメッセージが表示される

- データベースやテーブルが存在しません。
- データベースが壊れていてテーブルが存在しない状態になっている可能性があります。

■ *xxx* already exist というメッセージが表示される

- すでにあるデータベースを再作成しようとしています。
- すでにデータベースの中に作成されているのと同じ名前のテーブルを作成しようとしています。

テーブルを作成する同じコードを実行するときや、既存のテーブルと同じ名前のテーブルを作成するときには、あらかじめデータベース全体かテーブルを削除してください。

■ syntax error というメッセージが表示される

- SQL 文のどこかに間違いがあります。よくあるのはタイプミスです。
- SQL で予約されている語をフィールド名などに使っています。たとえば、GROUP という名前は SQL で使われています。

■ Can't create database '*xxx*'; database exists というメッセージが表示される

- データベース *xxx* がすでに作成されています。

■ 実行結果が本に掲載されているのと異なる

- 乱数を使って発生させたデータを使う場合は、プログラムの実行ごとに異なるデータが生成されるので、書籍に掲載されているものとは異なる結果になります。

■ データベースの内容がおかしい

- データベースでの作業が終わったら、必ずデータベースまたはカーソルを閉じてください。データベースやカーソルを閉じないと、データが壊れる可能性があります。データベースやカーソルを閉じるには、SQLiteの場合は`cursor.close()`か`connection.close()`を使います。

■ データを更新できない

- 重複しないフィールド（カラム）を主キー（`PRIMARY KEY`）として設定してください。主キーが定義されていないと、既存のデータとは別のデータとして追加されてしまいます。

■ なぜかうまくいかない

- SQLは標準化が進んでいますが、SQLデータベースが実際にサポートするSQL文は、データベースの種類やバージョンによって微妙に異なります。文法的にも状況にも間違いがないにもかかわらずよくわからないエラーが発生するときには、そのシステムではそのSQL文をサポートしていない可能性があります。

索引

■ **著者プロフィール**

日向 俊二（ひゅうが・しゅんじ）

フリーのソフトウェアエンジニア・ライター。

前世紀の中ごろにこの世に出現し、FORTRANやC、BASICでプログラミングを始め、その後、主にプログラミング言語とプログラミング分野での著作、翻訳、監修などを精力的に行う。

わかりやすい解説が好評で、現在までに、Python、C/C++、C#、Java、Visual Basic、XML、アセンブラ、コンピュータサイエンス、暗号などに関する著書・訳書多数。

ご質問がある場合は・・・

本書の内容についてご質問がある場合は、本書の書名ならびに掲載箇所のページ番号を明記の上、FAX・郵送・Eメールなどの書面にてお送りください（宛先は下記を参照）。電話でのご質問はお断りいたします。また、本書の内容を超えるご質問に関しては、回答を控えさせていただく場合があります。

情報演習 ⑦⑤ ステップ30

留学生のための Python［応用編］ワークブック

2024年2月10日　初版第1刷発行

著　者　日向 俊二
発行人　石塚 勝敏
発　行　株式会社 カットシステム
〒169-0073 東京都新宿区百人町4-9-7　新宿ユーエストビル8F
TEL　(03) 5348-3850　FAX　(03) 5348-3851
URL　https://www.cutt.co.jp/
振替　00130-6-17174
印　刷　シナノ書籍印刷 株式会社

ご意見等ありましたら、sales@cutt.jp 宛に e-mail でお送りください。

Cover design *Y.Yamaguchi*

Printed in Japan　ISBN 978-4-87783-861-4